推荐序一

可持续发展是家装行业"难而正确"的道路

贝壳集团副总裁、圣都整装创始人　颜伟阳

作家柳青在《创业史》中说："人生的道路虽然漫长，但要紧处常常只有几步，特别是当人年轻的时候。"

圣都今年22岁，正处于这个年纪。

我们这代家装人经历了三代的演变历史：第一代是半包模式，消费者费心费力；2011—2013年是第二代模式，也就是整装模式发展起来，能为消费者省下不少心力；此后，随着互联网的快速发展，第三代模式即家装的平台化发展趋势明显，以贝壳、圣都为代表的企业引领家装行业向平台化、数字化迈进。

经历了三个阶段的发展，家装行业实现了持续的升级。但固有问题和新生挑战仍然存在，消费者仍然普遍觉得装修行业"水很深"。穆峰在新书里谈及家装行业的价值错位现象时就总结得很好，目前装修行业还在野蛮生长：一些装企对客户进行忽悠式签单，说到做不到，对一线人员不认同，说一套做一套，对同行实行地区保护主义，江湖气过重。

"可持续发展"寥寥几字，对家装行业而言，仍然奢侈。

2019年，圣都深刻反思家装行业存在的问题，认为职业人员和行业道德是问题根源，随即提出了"正道正循环"的价值观，坚持对客户和员工负责。新冠肺炎疫情期间，圣都依靠2019年确立的价值观和战略，通过客户转介绍降低获客成本，实现品质驱动效率、效率驱动规模的良性循环，在行业普遍受到疫情冲击的背景下实现了逆势发展。

2024年下半年，国家的一系列政策"组合拳"助力房地产市场持续回暖、止跌回稳成效显现，家装家居改造领域绿色建材产品购置补贴更是给老百姓带来了实实在在的福利。圣都也结合国家政策，在全国30余个城市推出"以旧换新"相关活动，改善服务，构筑品质，融入科技，将企业独有的服务优势和政府补贴有机融合，扩大覆盖面，推动"以旧换新"政策落地，帮助老百姓更好地享受到政策。

在这条漫漫之路上，作为企业要向高远处看，向细小处做。

再次祝贺穆峰新书《价值模型:家装公司的可持续发展从战略到落地》问世，这是作者结合十余年深度洞察家装行业现象与内里的心血之作，能够帮助更多企业看得更远，做得更实。穆峰为其研究机构取名"知者"，今阅其对于家装行业可持续发展路径的洞见，更是"智者"。

与智者同行，与有荣焉。

知者研究　VASEN 伟星　爱空间　Der 德尔地板

联合出品

价值模型

知者大家装智库丛书系列之七

穆峰 著

家装公司的可持续发展
从战略到落地

华中科技大学出版社
http://press.hust.edu.cn
中国·武汉

内 容 简 介

《价值模型：家装公司的可持续发展从战略到落地》是解析具有长期价值装企模型的研究笔记，是作者十余年深度洞察家装行业可持续发展的理论及实践落地专著，也是传统装修公司和部品材料商在存量市场的缩量阶段面临转型难、前路不清晰的必备实用指南。

作者在书中系统性重塑了具有长期价值装企发展的五要素能力模型及四个关键变量（装企五要素能力模型即流量、产品、交付、组织力、信息化，装企发展的四个关键变量即创始人、企业文化、发展节奏、红利期）等章节内容。

获客效率如何提升？存量市场怎么破解"内卷"？同质化下如何获得竞争优势？整装的系统性能力怎么构建？发展节奏怎么把控？装企发展过程中还能抓住哪些红利？为何要重视企业文化？部品材料商和装企合作更高效的路径是什么？……

图书在版编目（CIP）数据

价值模型：家装公司的可持续发展从战略到落地／穆峰著 . -- 武汉：华中科技大学出版社，2025. 1（2025.5重印）. -- ISBN 978-7-5772-1587-7

Ⅰ. F426.9

中国国家版本馆 CIP 数据核字第 20253KS882 号

价值模型：家装公司的可持续发展从战略到落地   穆峰 著

Jiazhi Moxing: Jiazhuang Gongsi de Kechixu Fazhan cong Zhanlüe Dao Luodi

---

策划编辑：易彩萍

责任编辑：陈 忠

责任校对：李 弋

责任监印：朱 玢

出版发行：华中科技大学出版社（中国·武汉）   电话：(027)81321913
         武汉市东湖新技术开发区华工科技园   邮编： 430223

录　　排：华中科技大学惠友文印中心

印　　刷：武汉科源印刷设计有限公司

开　　本：710mm×1000mm　1/16

印　　张：17

字　　数：235 千字

版　　次：2025 年 5 月第 1 版第 2 次印刷

定　　价：78.00 元

战略引领，聚焦装企的长期价值

生活家集团董事长　白杰

首先非常感谢穆峰老师邀请我为这本书写推荐序，我很荣幸。不仅因为穆峰老师是我在这个行业里非常敬仰的智库专家之一，我经常就一些管理问题和行业的看法咨询穆峰老师的意见；同时，《价值模型：家装公司的可持续发展从战略到落地》这本书本身也是为数不多的系统性论述家装行业企业发展战略的专业著作，更重要的是，这本书具有极高的指导意义，它融合了穆峰老师十余年来对我们这个行业的深度洞察，以及对无数大型装企的深入观察和咨询实践，所以在这里也倾力推荐给行业的各位同仁。

书中提到的装企发展规模价值、"五要素"等是装企持续健康发展和构建长期价值的关键，我本人亦对此十分认同。

（1）规模价值

规模价值是企业发展当中至关重要的概念，它深刻影响着企业能力的边界，在过去十几年的企业经营实践中，我深刻地认识到没有形成足够的规模效应是制约装企发展的一个重要原因，当不思考规模的时候，企业不会意识到直营连锁扩张所带来的制约和瓶颈，不思考规模扩张便不会明白供应链和集采对装企可持续发展的重要意义，也不会明白数智力的打造对于直营连锁经营的模式复制的重要意义，这些均是装企可持续经营和扩张的核心，但它们的起点都来源于装企的规模价值，不同规模所带来的能力的实质内涵是有巨大区别的。

（2）五要素

流量：关于流量，我在经营管理中的思考是，装企必须建立可持续的、低成本的流量获客渠道，在线上信息流广告成本持续升高的今天，这是影响装企经营质量的"生命线"，所以我们应该尽可能多地布局低成本流量渠道，从全域获取流量，以对冲获客成本的不断提升。

产品：产品并不是越多越好，产品的"标准化"始终是装企必须要面对的核心问题，没有标准化便没有规模化，而过多的产品系列和部件选择会导致供应链没办法组织起效率，没有办法展开有效的供应链管理，供应链的核心是聚焦，聚焦才能带来效率和成本优势；同时只有提供确定性的产品，企业业务开展的全链路才能组织起效率，如设计师团队，一个团队只能服务好一个人群，而过多的产品系列不仅会导致供应链的低效，也会导致前端的团队无法围绕产品建立起专业能力的积累。

交付：交付是我们家装行业的传统手艺，是这个行业存在的基础，也是客户口碑好坏的关键，一个好的家装公司要能够仅依靠回头客（NPS）而生存，而这一切，需要依赖于一套围绕客户视角展开，能够让客户拥有好的体验的交付管理体系；同时更重要的是，交付也需要标准化，只有标准化了才能够从结构层面提升交付的整体效率和满意度。

组织力和信息化（数智力）：我比较喜欢把这两个概念放在一块聊，因为我个人认为组织力提升的核心是要从整体层面改善组织的能力，这话听起来比较抽象，举个例子：一个能力强的分公司总经理可以很好地改善一个城市分公司的业绩，但想要拉升全国几十家分公司的业绩，靠个体能力是绝对无法做到的，那要怎么做呢？这个时候就需要一套标准化的业务动作的流程体系，但如何能保证这套庞大的业务动作的流程体系可以在一线几千个设计师身上有效地落地呢？这在过去需要付出极高的管理成本，但在数智时代，数智工具让服务标准化的成本极大地降低，使服务的产品化成为可能，我们可以依靠数智系统来从结构层面整体提升一线的组织能力，所以我个人倾向于把数智力理解为组织力的重要载体。

总之，穆峰老师的《价值模型：家装公司的可持续发展从战略到落地》是一本指导我们这个行业战略和落地的很好的实践工具书，对行业内各位同仁的企业经营发展有重要的现实意义，在这里推荐给大家，和大家共勉！

推荐序三

聚焦用户价值，重构交付模式

伟星新材副董事长、副总经理　施国军

听闻穆峰老师《价值模型：家装公司的可持续发展从战略到落地》（以下简称《价值模型》）一书出版，万分期盼和欣喜，这不啻于一部"内卷"时代的操作指南，及时且针砭时弊。

近几年来，房地产行业及内需持续低增长，导致装企和上游部品企业恶性竞争，低价竞争，部分企业迷失自我，在价值交付上节节盘剥，以低品质替代高品质已成行业恶疾。

穆峰老师在书中，提出了"价值回归"和"发展的五要素能力模型及四个关键变量"，在存量市场竞争激烈的态势下，重新确立"体验与口碑"，这是家居建材行业清晰且唯一的解答。此外，在产品交付、服务链、组织力、企业文化等管理要素上，书中都给予了结构化的操作架构。

伟星新材是中国领先的PPR管道企业，一直秉承三高定位，即"高品牌、高服务、高价值"，着眼长期可持续发展，持续深耕全国及地方头部装企品牌，管道市场份额位居行业前列。伟星新材正是通过为用户创造价值，实现企业增长。2024年10月28日，由全国工商联家具装饰业商会主办的"2024年中国家装百强"发布会上，伟星新材荣获"2024中国家装行业百强装企优质合作材料品牌"奖，这是管道行业唯一一家获得此奖项的企业。

《价值模型》中提出，要"建设大规模稳定集成的品质交付能力"。伟星新材在全国布局五家现代化的生产基地，建立24小时快速供货机制，此外，全国还有40余家分公司和30000家营销网点，为全国装企提供快速、专业、标准、跨区域的技术服务。伟星新材一直坚持品质第一，专注隐蔽水生态系统的研发，从卖单一产品转型为卖组合产品，构建"给、排、防、暖、饮"等产品矩阵，给客户提供系统性的品质保证。

穆峰老师认为，"改善装企用户体验及优化服务链"是价值交付的重要保证。家装领域，业内交口赞誉的"星管家""咖乐涂"等都是伟星新材首创并形成了规模效应。公司已经建立起全链条的交付标准，每一个服务环节都可量化、可管控、可追溯，并提供"双质保——保产品、保服务"。伟星新材的服务体系，获得CTEAS售后服务十二星认证，这是由全国商品售后服务评价达标认证评审委员会颁发的，是目前行业对企业售后服务体系完善程度的最高级别评价。

书中还提出，企业文化才是构建长期价值的根基。伟星新材隶属伟星集团，伟星集团自1976年创立，已经孵化"伟星股份""伟星新材"两家上市公司，以及房地产、光学、水电、投资等六大产业。伟星股份，纽扣销量世界第一、拉链销量世界第二。伟星房产为中国百强房地产企业之一。伟星光学系国内变色片第一家生产厂家、功能性镜片生产龙头企业。伟星，正是以文化为引领，践行"团结、拼搏、求实、创新"，从而在多个行业成为第一。

聚焦用户价值，重构交付模式。伟星新材致力于为每一位消费者创造安全环保的居住环境，同时，也赋能装企，打造差异化竞争优势。

志合者，不以山海为远！

相信穆峰老师的这本书，一定能够汇聚以"价值回归"为主导的同道中人，砥砺前行，为中国家居建材的蓬勃发展添砖加瓦。

推荐序四

乱极站定，大道至简

鸿扬集团董事长　陈忠平

穆峰老师一直以清晰的视角，洞悉着中国家装行业的发展。

追求为行业写一本好书，他一直笔耕不辍，并且著述颇丰。穆峰打开了第三方视角，去平视这个我们专注了一生的家装行业。新书《价值模型：家装公司的可持续发展从战略到落地》面世，有幸受邀作序。

书名有三个关键词：价值、战略、可持续。这些关键词老生常谈，却又值得深思，本书进行了多维度深入的探究，颇有借鉴意义。我创办鸿扬企业28年，借此也想分享一些个人浅见。

产品过剩与不足并存的尴尬

家装行业经历二十多年的发展，从最初最原始的几十平方米的小办公室，到现在各种上万平方米的家居MALL涌现，行业不断发展迭代。这个发展迅猛的行业，一直颇受关注，也颇受争议。

时至今日，我认为我们这个行业存在一种尴尬现象，随着行业的发展，这种现象更加凸显，那就是产品过剩与产品不足并存。产品过剩的表现是，拼展厅、拼材料、拼品牌，还有就是拼工地卫生、拼工地形象、拼噱头工艺等。

家装业主到底需要的是什么？其实他们需要的是一个舒适健康的家，这才是家装的核心价值。从这点来看，许多家装产品存在致命缺陷，设计

8

不人性化、工艺不精细、功能配置短缺、居住体验不好等。

简而言之，行业的整体客户价值远落后于行业的宣传。作为行业的一员，鸿扬集团也在思考着这个问题，如何实现更高的客户价值？我们思考的方向是，不求低价揽客户，只靠高价值赢市场。

关于客户价值我们提出了价值设想，价格贵 5%～10%，价值高40%。这40%的价值，体现在好的设计、精致的工艺、完备的功能，由此带来十年如新、十年好看、好住不用升级。

在鸿扬集团的产品价值观的驱动下，我们不在行业产品过剩的方向投入，例如我们比较特立独行，一直不做施工的"黄墙绿地"，我们关注家装行业产品不足的解决方法，由此提升各种空间场景的舒适健康居住体验。

多元的世界需要个性定制满足

其实，我们一直不太关注外界，因为对于公司的战略，我们一直有清醒的认识，并不会因为友商的变化，对公司的战略有所松动。鸿扬专注高标准定制家装的定位，28年以来，只有逐年夯实，哪怕是短时间内因同行的冲击出现业绩波动，也从来没有动摇过。

公司战略制定，无外乎取舍。整装家装与定制家装，都有自己独到的价值。前者有高效率、易复制、易规模化的优势；后者因为产品个性化、人员专业化、交付复杂性等问题，注定难以快速复制。这两种产品战略，利弊都很清晰。

战略能否落地，需要看企业的基因。我常自嘲，弱水三千，只取一瓢饮。鸿扬集团选择的是后者，只专注做定制家装，我们决心在深度和专业度上长期深耕。

家装行业头部友商们齐齐抢占整装赛道，我们另辟蹊径，并非欠缺理性。我们的理解是，对美好生活的向往是每个人的追求，那家装自然也不例外。每一户家庭对家居的需求是不一样的，多元的世界，多元的需求，就需要千人千面的个性化定制来满足。

战略能否落地，需要看企业的"内功"。鸿扬推行设计到交付1∶1还原，其中涵盖的一体化设计、一体化定制、一体化施工，可以说是我们28年构建的战略"护城河"。随着国人对居住质量需求的持续提升，鸿扬的高品质定制家装一定具有广阔市场。

没有什么比口碑可以让企业发展更持续

新冠肺炎疫情过后，行业不断洗牌，在企业存亡压力之下，价格战充斥行业，鸿扬只打价值战，决不打价格战。行业最艰难的几年，在头部装企中鸿扬以平均最高客单价，实现业绩稳步增长，鸿扬坚持高品质也带来了品牌力的持续提升。

我们决不能打着长期主义的旗号，做着短期主义的事，行业风起云涌，需要企业有乱极站定的决心。事实证明，坚守高品质，就一定有市场竞争力。做营销不如做产品，做品牌宣传不如做品质提升。

任何一家企业都可以投广告，但是投广告一定投不出口碑。庆幸的是，鸿扬家装每年的客户中，有超过50％的客户是因口碑介绍而来的，这是我们近几年稳步发展的支撑。

鸿扬拥有这样的一大批客户：20多年前，新房找鸿扬装；20多年后的今天，房子还完好舒适，因品质而信赖，他们毫不犹豫，又将孩子婚房再度交给鸿扬，这是两代人共同的选择。

对于低频消费的家装企业来说，可持续发展就是，20年后的某一天，第三代的婚房还因品质继续交给鸿扬来装，然后一家四世同堂共同住在鸿扬装修的房子里，享受着中国精致生活。

就此，借穆峰老师新书面市之机，我想表达的是，没有什么比口碑可以让企业发展更持续。做企业，大道至简。

推荐序五

装企可持续发展的道与术

积木家董事长　尚海洋

当我看完《价值模型：家装公司的可持续发展从战略到落地》这本新作，感叹穆峰老师高产的同时心中也涌起强烈的认同感，穆峰老师对装修行业的看法还是如此一针见血！

书中很多观点直击装修行业弊病，其中具有长期价值装企发展的五要素能力模型（流量、产品、交付、组织力、信息化）及四个关键变量（创始人、企业文化、发展节奏、红利期），对装企发展有着重要的指导意义，这也是积木家一直在推进和优化的板块，再结合积木家16年的发展经验，我有一些自己的看法。

在"家装公司的可持续发展从战略到落地"16字中，可持续发展是核心，但关键我认为一定是落地。因为用户有好的体验才会产生好的装修口碑，继而实现可持续发展。

所以"装修体验，用户第一"，这是装企可持续发展的道。

如何做好用户体验呢？各装企八仙过海，这是装企可持续发展的术。

术无高低，但有长短。用户体验这条板子的长度，一定要覆盖到装修过程的方方面面，要够"长"，才能保证"桶里不漏水"，才能保证"长期有水喝"。

从我要装修网迭代到积木家，再到积木家第八代体验店，我正是以产品体验升级作为风向标，带动企业经营、服务模式升级。我把升级过程整合成"6大模块"，与大家分享。

1.明确的【需求】，是用户体验的起点

用户大多第一次装修，只有大方向，无清晰规划，所以我们不单将装修需求放在第一位，还花大量时间、精力从居住用途、装修方式、装修预算等多个维度研究用户，为其梳理装修需求，再打造个性化装修方案，实现"一次装对不后悔"。

2.落地的【效果】，是用户体验的基础

综合全网口碑数据，"装修效果翻车"这个词条"名列前茅"。积木家经过多年论证，得知影响装修效果的要素其实就是配色、造型和材质，将三要素在不同空间进行组合、使用和重复，装修风格自然能做到完全落地。

3.适配的【功能】，是用户体验的核心

房子是让人住的，积木家一直强调，装修是让用户住得更好。故积木家做功能，只看两点：一是满足全家人需求，按人群结构细分5大类、12种家庭，每种家庭都有功能配置方案；二是空间功能设计，归纳为布局、收纳和体感，科学为每个空间匹配所需全部功能。

4.放心的【质量】，是用户体验的标配

质量保证是最基本的要求：

建材方面，积木家有质量四级品控体系，从生产到成品，检验标准非常严格。即使是市面一线大牌材料，也要经过品控检验。

施工方面，积木家不仅是CBDA施工的参编单位，且现已形成独属的2大标准、国标保障、大宅体验升级工艺，通过好标准＋强执行，以及成熟的新家落地保障体系，保证用户居住质量。

5.系统的【服务】，是用户体验的过程

装修中，用户最怕麻烦，这就要求装修公司做得更多。积木家已形成一套成熟的服务体系，从签约前到竣工后，覆盖4大服务：5步试装服务、6项管家服务、2大标准工艺体系和7项质量保障的标准施工服务、2项售后标准和3类提报的售后服务。

6.透明的【价格】，是用户体验的结果

积木家认为好的装修花钱就能买到，要做多数人买得起的好装修。怎么做到？第一，根据预算匹配产品，产品矩阵覆盖所有用户的预算需求；第二，菜单式报价，清楚告诉用户每一分钱花在哪！零增项，让用户无须担心。

家装公司的可持续发展，不仅仅是企业自身的追求，更是对社会、对客户的一份责任。积木家始终认为，变化的是市场环境，不变的是好家标准。坚持从用户视角出发，继续修炼可持续发展的道与术。

最后，祝贺穆峰老师新书成功上市，书中大量理论及观点值得团队成员长期学习研究。

推荐序六

价值模型，装企可持续发展驱动力

德尔未来董事、德尔地面材料产业总裁　姚红鹏

　　家居家装行业在过去20多年的汹涌波涛中搏浪前行，从顺流乘风到风云变幻，已经走到了拐点时刻。尽管德尔并非装企，但作为装企上游，而且在装企业务中占有相对重要地位的部品商之一，我们也能够感受到消费者对能够彰显个性、融合科技与艺术、交付精准无误且保持良好性价比的家装解决方案的强烈需求。在家装消费需求急剧变化的背景下，穆峰老师的《价值模型：家装公司的可持续发展从战略到落地》一书，如同一柄利刃划破家装领域的混沌天幕，其价值与意义，值得我深度剖析与推荐。

　　穆峰老师的这本书，恰似一场及时雨，精准地剖析了家装公司可持续发展所需构建的价值模型。从战略定位的精准锚定，到产品与服务的精心打磨；从供应链的高效整合，到人才团队的匠心培育；再到数字化转型的智能驱动，书中为家装公司绘制了一幅清晰而全面的发展蓝图。这一价值模型并非空中楼阁，而是基于对行业的深入洞察与丰富实践经验总结提炼而成，具有极高的实用性与可操作性。

　　部品企业与家装公司的合作紧密且深入。我们深知，家装公司的可持续发展对于整个家居行业生态的稳定与繁荣至关重要。当家装公司能够依据书中的价值模型，实现从战略到落地的有效执行时，其对于部品商的要求与甄别能力也将随之提升。这也会促使德尔等头部部品企业不断创新与优化，并进行模式变革，以更具优势的能力满足优秀装企的需求。

德尔在2020年开始倡导整装"护卫舰"模式。我们认为装企如航母编队，德尔则是其中一艘强大的护卫舰，通过战略变革，在产品研发、生产制造、落地服务和组织保障等方面为家装公司这艘航母保驾护航，让其发挥最大的价值。德尔坚持做好地板，用智慧化的手段让地板的安装与服务完全标准化，用数字科技赋能传统行业，使装修环节标准化、可视化，提高客户满意度和安全感；产品研发端匹配用户多元化需求，生产制造端实现高质平价，服务做到高效交付、品质可控，为整装产品平稳落地提供保障。

2021年，德尔在"护卫舰"模式的基础上推出五星交付保障体系，以用户为中心，从产品、业务、订单、配送、安装五个方面形成合力，打造完美交付。这一体系的建立，源于我们对消费者痛点的深刻理解，以往交付延迟、质量问题推诿、售后无人问津等现象在家装行业屡见不鲜，引发消费者信任危机。德尔地板的五星交付体系，就是要彻底扭转这一局面，以标准化、规范化的流程，确保每一个家装项目都能完美收官，让客户的期待变为现实，让口碑成为我们最响亮的招牌。

进入2024年，我们持续迭代，推出的好评如潮工程，更是德尔地板在提升客户满意度上的一次大胆创新与深度探索。通过建立完善的客户反馈机制，及时处理客户的问题与建议，不断优化产品与服务。在这个工程的推动下，我们看到了客户满意度的显著提升，品牌形象在市场上进一步巩固与拓展。

从行业的视角来看，装企对供应链的要求在发生深刻变化。它们需要的不仅仅是优质的产品，更是能够与整体家装风格相匹配、与施工工艺相协调、与售后服务相衔接的一体化解决方案，尤其当装企依据价值模型自我革新时，优秀部品商的优势也将更明显。德尔2024年深切的一个感受是，我们合作中优秀的装企，都有一个共同的特质，就是主动链接，打开边界，开放拥抱。不管是产品上的共创，还是效率上的共同提升，抑或是服务上双方都主动打开自己，大家一起携手，才能产生更美好的未来。相信在不远的将来，装企与部品商相融共创的新模式会成为下一个主旋律。穆峰老师的这本书，无疑是对家装公司的一次深度指导，是推动行业前行的引擎之一。我殷切期望家装行业的从业者们能够行动起来，研读此书，将其中的价值模型融入企业经营之中。在家装行业这片广阔的蓝海中，唯有那些能够精准构建价值模型、勇于创新与变革的企业，才能在汹涌的浪潮中屹立不倒，驶向可持续发展的彼岸。

目录

第一章
如何构建装企的长期价值

一、装企的规模价值

1.规模价值的三个阶段

装企规模价值的进化大致要经过以下三个阶段：①有规模无价值；②有规模弱价值；③有规模有价值。

获客到签单是小闭环，交付到售后是大闭环。从增量房时代到存量房时代，从流量红利到人心红利，营销方式也发生了变化，如今营销是第二生产力，口碑是第一生产力，分别对应小闭环和大闭环。营销力弱，口碑力强，是小而美的装企；营销力强，口碑力弱，虽然规模大，但不一定有价值，即规模价值不强。

①有规模无价值。特点是只做营销小闭环，不做交付大闭环，属于营销驱动型的家装公司，挣快钱，红利期一过就举步维艰。前期市场门槛低，有钱就盲目扩张，导致后期交付跟不上，客户体验差，无口碑，更谈不上转介绍了。

这种情况下，装企的现金流很容易出问题，甚至会为了现金流而扩张，增加店面或增加布局的城市。如2015年出现互联网家装的"假风口"时，很多装企借助资本在多个城市盲目扩张，但两年后，资本见无利可图便纷纷退出，装企的现金流吃紧，轻则关店收缩，重则倒闭跑路。从2017年下半年至2018年上半年，家装行业迎来寒冬。

②有规模弱价值。特点是做营销小闭环的同时，交付大闭环没断环，能交付出去。很多区域头部装企就是这种情况，在当地扎根多年，知名度高，获客相对稳定，交付过得去，也有一定比例的回单，市场环境好时，经营相对稳健。一旦向外扩张，供应链、交付、管理等如果跟不上，新的门店一直亏损，无法造血，会影响公司整体的现金流，甚至整个公司都可能被拖下水。

③有规模有价值。特点是营销小闭环和交付大闭环都闭环了，形成了正循环。这是当前头部装企追求的方向，通过产品标准化、服务标准化和交付标准化，以及流程数字化管控，加强交付品控和用户运营，保持较高的回单率。此阶段的装企已经突破了规模天花板的束缚，打破了规模不经济的边界，有了扩张的势能。

如今，很多规模装企都处于有规模无价值或有规模弱价值阶段。一直处于第一阶段的头部装企，这几年也基本被淘汰了，剩下的进入第二阶段；有的头部装企初心正，一开始就从第二阶段往第三阶段进化。处于第三阶段的装企有吗？方林装饰、爱空间北京总部、被窝家装、一起装修网和尚层装饰一定程度上算是此类代表。

2.是否有规模价值主要看 R_2

笔者提出过一个装企规模价值公式：

$$S = K \times N / R_1 \times R_2$$

其中，S 代表装企的规模价值，K 代表均客单价，N 代表客户的数量。R_1 代表付费营销成本，对应营销小闭环；R_2 代表口碑回单成本，对应交付大闭环，回单率越低，口碑回单成本则越高，有没有规模价值主要看 R_2。

先做好大闭环，再发力小闭环，发展会有爆发力，方林装饰集团武汉分公司就是典型案例，从总部调工程负责人，派遣核心工种的师傅传帮带，抓文化、抓交付、抓体系，等前端营销发力时后端接得住；小闭环做好再打磨大闭环会遭遇组织心智的强大阻力，这是先易后难，越往后越难，比如月度开工量很大时，交付变革的成本极高，能否翻过这座山是决定装企是否有规模价值的核心。

小闭环很好，但大闭环断了的装企（行业的劣质产能）会被淘汰；"小闭环 + 大闭环不断环"的装企则需要跑赢时间，利用行业的重组期打磨规模化的稳定品质集成交付；只做大闭环不做小闭环则是小而美的公司，有口碑，有用户价值，但做不大。

当下市场流量缩水，绝大多数的装企还是在解决获客效率和签单转化率的问题，所有的行为都在前端签约发力，都在做小闭环。当然对长期深耕行业的装企而言，大闭环也没断环，能闭环，加上强运营，则是口碑式交付、裂变式交付，能带来更多回单。

二、装企可持续发展的五要素能力模型

1.流量：获客效率是基础

（1）获客效率

装企经营首先强调的是获客效率，获客效率越高，获客成本越低，企业发展的弹性空间越大；获客成本越高，变动成本增加，挤占费用，效益变差，经营问题就会暴露。在近几年，获客效率将是装企穿越周期的核心竞争力。

头部装企的获客效率由三部分构成：一是综合性的付费营销的效率，

线上投放广告，线下深耕小区，考验的是团队的专业能力和精细化运营能力；二是交付链路带来的综合返单效率，客户经理、设计师、客户管家、项目经理、监理等各岗位在客户服务过程中带来返单，不同装企对返单都有一定的要求；三是客户运营带来的口碑回单效率，核心是对客户全生命周期管理、运营和体验的设计，最终为回单服务。

装企获客效率主要取决于三个方面。

一是系统性的获客能力强，如一起装修网从第三方派单平台转垂直领域运营，其核心优势在于构建了行业领先的新媒体矩阵，具有竞争壁垒和获客成本优势；其创始人是媒体人出身，天然对流量有一定的敏感度，有好几个大的IP矩阵，在一定程度上吃到了抖音等新媒体的红利。

二是综合回单率高，如爱空间2021年实现了净推荐值（net promoter score，NPS）72.7%，平均1位老客户推荐1.9位新客户。爱空间科技（北京）有限公司2022年产值过10亿元，综合回单率可以达到47%。它跑通了产业工人模式，且信息协同高效，重视口碑。基于此，它的综合回单率较高，拉低了整体运营成本。

三是流量有结构式优势，如作为贝壳旗下的自营整装品牌，被窝家装获得了源源不断的低成本流量，2023年被窝家装在北京市场合同额过20亿元。贝壳用中介低毛利额置换装修高毛利额的单子，对被窝家装，包括贝壳旗下直营整装品牌圣都家装而言，**获客成本比市场平均成本至少低10个点，这是结构性的竞争优势**。就像美容院通过医美置换流量，这种成本几乎可以忽略不计。

（2）流量逻辑

一起装修网创始人黄杰认为：流量本身没有价值。在整个装修产业的价值链当中，流量只是手段，如果最终没有为用户提供价值，模式就不可持续。一方面，获得一个客户的流量成本会越来越高，规模越大，边际效应越低；另一方面，只靠流量来经营的生意，很难形成"护城河"，一旦有更大的聚合平台出现，很容易被打倒。

所以流量从来不是一个生意的根本，流量是品牌赢得了人心的结果，对装企而言，流量可控、提高获客效率却是长久的需求。**流量背后的逻辑核心是对用户画像的清晰理解**。当然装企也要有从增量思维到存量思维、从流量到留量的转变。

2.产品：背后是定位和战略取舍

（1）减法思维

理想汽车创始人李想在创办理想汽车之前，有过一些投资经历，研究过不少创业公司。很多创业公司的产品之所以失败，并非产品功能没做好、质量不够好，而是因为一开始太贪心，既想服务 A 人群，又想服务 B 人群，还想服务 C 人群。结果是每个人群的需求都覆盖了一部分，但哪个人群的需求都没有完全满足，更别提超越他们的需求了。

另外，做产品还容易陷入的一个误区是，只满足用户表面上的需求，把这个当作用户价值。真正的用户价值，一定是帮助用户解决了某个问题，或者完成了某项任务，而不是仅仅提供了某个简单的功能。比如定制家居，收纳功能只是其基本属性，还得满足用户对颜值、整体风格的需求；此外还要满足用户自己都没有发现的潜在需求，提供深层次的附加价值，比如考虑五年甚至十年后的定制需求。

不管是搞流量、玩算法，还是从"人找货"到"货找人"的精准分发，都只是一种手段。强大的品牌是"人找货"，当人们想起某类别产品时，就能想起某个品牌。如提起开关面板，就想到公牛；提起油烟机、灶具，就想到方太；提起软体沙发，就想到顾家。如分众传媒创始人江南春所言：真正的品牌，它将成为标准，成为常识，成为用户不假思索的选择。

（2）价值做深

对于家装行业而言，整装是产品化的体现，具有可复制性，这也是除价值观契合之外，贝壳收购圣都家装的重要原因之一。

装企要有明确的定位，不能眉毛胡子一把抓，要明确用户是谁，需要为这类用户提供怎样的产品以及解决方案。如湖南的九根藤，做产品化整装，为刚需经济型用户提供极致性价比的产品，包含主材、辅材、家具、家电、定制、窗帘、软装等，零增项，所见即所得。当产品的颜值、功能、品牌和质量都不差时，其核心是价格，以120平方米的房子为例，同品质下九根藤的总价能便宜5万元左右，如此一来，产品便有了锐度，自带流量和转化率。

另外，产品不能单纯地理解为施工＋材料，还包含设计、服务、体验等，不同装企在标准化和体验维度的权重是不同的。装企只有从关注货到关注人，从卖材料到提供生活场景解决方案，围绕用户来创造价值，在此过程中才有机会打造强品牌，而强品牌是可以溢价的。

3.交付：大规模、稳定、集成品质交付

（1）交付瓶颈

家装消费周期长、各环节牵扯主体多，据不完全统计，用户从选择装企开始到装企交付，整个周期会有28个角色参与其中，179个交叉点，其中包括人与人的协同、人与货的协同等，而家装本就是一门极易在服务过程中出现问题的生意。

施工交付落地一直是家装行业的痛点，在传统的运作模式下，家装企业无论用什么管理办法都很难解决。仅以定制家居交付能力为例，目前木制产品的交付周期都在45～60天，这还不包括返工周期。出现这种现象一方面是由于制造企业的供给能力以及供应链不完善，另一方面也是整装市场产品开发、需求整合、大数据能力不足的体现。

点石家装董事长袁超辉认为，要提升用户满意度，突破家装交付瓶颈，关键还得在两个方面下功夫：一是品控，可通过产业工人机制提升交付品质及规模交付稳定性；二是工期，通过建立数字化体系进行精细化管理，保证项目按时交付。

（2）品质交付

其实体验的外延大于服务。产品＋服务做好了，体验也不一定好，因为过程不一定顺利；而体验好了，产品＋服务的交付就不会有什么问题。所以说，大规模批量的稳定品质交付很重要。

大规模批量的稳定品质交付背后有三个影响因素：第一是工人的组织形态，无论是发包还是班组制，抑或是产业工人，对人的管理都存在一个问题，信息可以传达到项目经理这一层，能否传达到工人这一层呢？第二是标准化程度要高，包括工具、工法、工艺的标准化，工人都按照图纸施工，解决不可复制的问题；第三是信息化的协同，包括内部协同（不同时间、不同工地的工人施工节点协同）和外部协同（材料商、部品等进场和工地的协同，各个工地的正常运转等）。

家装本质上还是做服务，要让用户感受到省心、省力和品质。影响装企口碑的两大关键因素主要是用户体验和交付质量，根据土巴兔调研数据，在用户选择装企的主要依据中，口碑占据88.2％。重体验、强交付有助于装企打造良好的口碑，如杭派家装（杭州装企的统称），其整体交付水平比较高，自成一派。

4.组织力：赋能＋个体更有活力

（1）价值观共识

在乔布斯创造的那么多件产品中，哪件产品最令他骄傲？我们的第一反应往往是那款颠覆性创造的苹果手机。乔布斯却认为最令他自豪的产品是他曾经打造的团队，从20世纪80年代的麦金塔电脑团队，到2011年4

月他退休前组建的精英团队。

由于家装行业严重依赖人，无论是标准化家装还是产品化整装，最终落地都是靠人，所以从营销到施工交付，组织力的体现非常具体。

装企组织力的建设是基于给用户创造价值的价值观的认同之上，进行员工成长机制和分利机制的系统性建设。组织力，对内表现为一种凝聚各种资源和能力的聚合力，对外表现为一种适应环境的进化力。

（2）组织变革

这几年我们看到有些全国性扩张装企，他们的分公司总经理（简称分总）不是自己培养的，而是从外部挖来，通过简单培训后再外派出去。市场好的时候，隐患虽有，但未浮出水面；市场不好时，分公司总经理不稳定，走的时候带走几个或一批核心层员工，整个分公司就垮了。

装企想要长远发展，必须摆脱对个人的依赖，选择依靠组织机制的力量，增加人才密度。如尚层的分公司总经理全都是自己培养起来的，灌输企业文化，建设体系化组织。尚层相信只有分公司总经理和公司具有一致的文化认同，才能保持分公司间的步调一致。

诚如任正非在《北国之春》一文中所言："创业难，守成难，知难不难。"所谓知难，就是与打造新商业模式或产品相比，打造卓越的组织力极其困难，绝大多数企业都无法越过这道坎。

东易日盛算早期吃到组织红利的家装企业，其前期有不少分公司总经理是家电行业出身，而当时家电行业比装修行业成熟太多，有现成的经验可以借鉴，因此迭代发展很快。东易日盛上市后，发展不及预期，第一批人吃到企业发展红利后陆续离开，后续来的高管很难再吃到组织红利，激励减少甚至到头了，企业怎样做才能留住人？

这时组织就需要变革了，企业变化为具有开放性和协同性的共享赋能平台，把管理和运营标准化沉淀在组织里，同时激活个体，释放个体的创造力。

5.信息化：提升协同效率

（1）必须要变

很多人觉得，中国制造业要转型必须从线下走到线上，这其实是个误区。比如，浙江温岭有个服装行业的老板，觉得互联网对行业的冲击很大，就搞线上销售，结果一年亏了500万元。为什么？因为他发现，线上的成本比线下还高，要买推广页面，要搞节日促销，结果货是卖出去了，却不赚钱，还把原先线下的经销商得罪了，损失惨重。

财经作家吴晓波认为单纯转到线上的制造业，没法转型成功，一定要走"信息化＋小制造"的路子。传统企业的危机不仅是营销渠道上的危机，而且是生态性的危机，所以必须做生态型的转型。

2023年12月，中央经济工作会议进一步强调："要以科技创新推动产业创新，特别是以颠覆性技术和前沿技术催生新产业、新模式、新动能，发展新质生产力。"

（2）驱动业务

对于装企而言，求变才能生存，信息化改造升级也是大势所趋，如何借用前沿技术打通所有环节，提高效率，降本增效，离不开装企及其上下游企业的合作与探索。

装企基因决定了信息化方式的差异，如将业务信息化还是管理信息化。住范儿的业务中有两大板块属于信息化范畴：第一个是知识灵感，通过在线上进行大量的内容分享，教客户怎么装修、怎么买产品；第二个是直播电商，将很多不适合在线下做出高坪效的品类在线上通过直播电商实现更有效的销售。

信息化的核心是互（物）联网，把信息有效连接整合起来提高效率很重要，信息化是保障企业可持续发展的引擎。但**信息化一定是业务驱动下的需求，不能舍本逐末，为了信息化而信息化。**

三、装企可持续发展的四变量

1.创始人：心力，认知，灰度

（1）初心与定力

一家企业的价值，90％集中在创业团队上，而一个创业团队的价值，80％集中在企业创始人身上。为什么？因为大多数人都知道什么是对的，什么是应该做的，但就是做不到，三分钟热度过去，就会向现实妥协，这也是心力不足的体现。例如美特斯邦威、李宁等，创始人隐退或者退居二线之后，企业发展后继乏力。也许是发展时间较短，中国大多数企业都存在这个问题，创始人离场，接班人或职业经理人的心力不足以支撑企业持续向好发展。

在企业穿越周期时，创始人的心力起到关键作用。如俞敏洪，他宁可企业死在变革的路上，也不愿企业死在过往成功的基因里，所以三十年来他始终带领企业穿越各种周期。

再就是毛泽东，1917年就在《心之力》一文文末发愿，"故吾辈任重而道远，若能立此大心，聚爱成行，则此荧荧之光必点通天之亮，星星之火必成燎原之势，翻天覆地，扭转乾坤。戒海内贪腐之国贼，惩海外汉奸之子嗣；养万民农林之福祉，兴大国工业之格局；开仁武世界之先河，灭魔盗国际之基石；创中华新纪之强国，造国民千秋之福祉；兴神州万代之盛世，开全球永久之太平！也未为不可。"伟人百年前的理想一直在引领中华民族的复兴大业，穿越了时代，由此可见其心力之高远。

创始人的心力，是企业撑过低谷期和跨越非连续性的源动力，决定了企业的存续和高度。心力是发自内心的力量。心力，可拆解为初心和定力。初心即指路的明灯，定力便是对初心的坚守。装企的灵魂是创始人，

其战略定力、认知和对长期价值的认同，决定了能够将一家装饰公司推到多远，职业经理人若无法赋予公司灵魂，则很难带领公司穿越经济周期。

（2）认知与灰度

笔者认为装企老板的风格可按照认知和灰度两个维度大致分为四类。

第一类：江湖气，讲义气（低认知，高灰度）。这类装企老板基本是工长出身，比较江湖化，讲兄弟情义，不按市场规则和制度办事。一号家居网法人代表童铭总结自己的惨痛教训之一就是"人情化借钱、分钱太江湖"。从逢年过节到员工结婚、生孩子、买房子，没有哪个员工不借钱，该公司在处理账目时发现有七八千万元被员工借走。另外就是分钱时吃大锅饭，没有按照经营业绩分配，而是搞平均主义。

第二类：格局小，做不大（低认知，低灰度）。这类老板的装企产值在 500 万～5000 万元，不同城市的产值有差异。不懂得分配利益，团队建设投入不够，视野短，格局小，靠经验办事，事无巨细自己盯，这种装企一般是夫妻档，吃到过市场红利。

第三类：爱学习，没灰度（高认知，低灰度）。这类装企老板爱学习，喜欢琢磨事情，爱参加商学院培训，勤奋，有格局，有梦想，也想改造行业，成就更多人，让用户因为这家装企的装修而不凡；但追求完美，无法容忍瑕疵，见识不足（未曾到过一个高峰），掌控欲强，没有灰度。这类公司的产值一般在 1 亿～10 亿元。

第四类：有见识，有灰度（高认知，高灰度）。这类装企老板极少，有见识、有格局、有梦想、有英雄心、有灰度，简单而不世故，也曾在行业内到达过高峰（相对而言），能跨越非连续性，又将到达一个新的高峰。

通常内心有不安全感的人控制欲更强一些，做事谨小慎微、追求完美。心理学认为控制欲强是内心恐惧的表现。

什么样的装企老板才能突破价值网和组织心智的束缚穿越周期？就是有高认知、高灰度的老板，并且还得有见识，即有跨越一次非连续性的远见。

2.企业文化：从共识到行动

（1）骨子里的基因

企业文化是一种共识，也是一种方法、一种解决方案。企业文化的基因，在企业成立初期就开始演化了。就像盖大楼，第一块砖歪了，后面这栋楼怎么盖都是歪的。说得直白一点，公司的第一笔钱是怎么赚的，直接决定了公司今后的经营逻辑。

如可口可乐公司，它最厉害的地方正是品牌营销能力。诞生于19世纪末的可口可乐，最早是一种"秘方药"，它的发明人彭伯顿说："如果我有25000美元，我愿意花24000美元来为可口可乐打广告，再用剩下的1000美元来进行生产。"当时美国人流行喝的"秘方药"其实是"三无药酒"，生产成本极低。"秘方药"的销售没有别的手段，就是铺天盖地打广告。

在装企中，如红杉树装饰和沪佳装饰，它们是近几年崛起的家装公司，走流量路线，这始于创始人的经历。红杉树装饰创始人陈雷和沪佳装饰有渊源，而沪佳装饰创始人李刚曾经营过医药保健品。医药保健品对流量、营销、用户心理的理解非常厉害，其模式算是"天地和模式"的进化版。前期做营销、搞流量很不错，但后期需要补齐大规模交付稳定性的短板。

北京的尚层装饰重视交付，其在行业内经常被传颂的一句话是"一厘米宽，一公里深"，说的是它专注于别墅大宅定位，坚持定位的定力。

（2）价值观落地

中国企业的文化和创始人密切相关，有的直接就是老板文化，装企同样如此。如统帅装饰集团的军队文化，以军队精神武装思想，将铁的纪律不折不扣地执行；学校文化，重视员工的职业素养培养，2022年成立人才培训和发展中心同辰学堂；家文化，组织各类团聚活动、发放节假日礼物、慰问困难员工等，予以员工关怀。

沈阳方林装饰的交付文化独树一帜，其创始人王水林是安徽人，木匠出身。创业以后，深耕打造100%自有工人，敬业且自律，一直在抓交付，所以方林装饰的顾客投诉往往低于同行。交付已经成为方林的标签，曾在方林工作4年的一位朋友告诉笔者：沈阳房产中介卖房子，只要打出方林的名号就能加价1万元。

再就是爱空间的口碑文化，其秉持着不欺骗、客户是朋友、口碑为王、相信产品、协同高效、说到做到的价值观，始终坚守"24小时"响应用户入住遇到的问题，打造家庭烘焙、收纳课堂、餐桌美学、天使空间等，重新定义家与空间，和用户一起探索美好家的更多可能，爱粉家宴连续6年邀请用户，每月策划举办有趣、丰富的爱粉活动等，形成广泛的口碑生态。

口碑的背后是企业文化，企业文化背后的核心是使命、愿景、价值观。装企想要走得长远，一定是价值观和企业文化驱动的，同时在发展过程中找到了文化认同、同频共振的人。

3.发展节奏：五项能力是协同式发展

彼得·德鲁克说：动荡时代最大的危险不是动荡本身，而是仍然在用过去的逻辑做事。不同阶段的装企有不同的发展节奏，不犯战略性错误，掌控节奏很关键。

节奏如何把握，靠的是创始人的认知和团队协同的智慧。好的发展节奏是不变的，踩准、踩稳、不踩坑。企业小时抓机会，企业大时少犯错。厘清自己的能力与优势，不能瞎折腾，也不能不折腾。长肌肉要符合企业发展阶段和行业进化周期，还要考虑外部的市场竞争。增量时代是平衡发展和利润，而存量时代是要平衡发展和生存，如何在平衡中发展需要装企积极探索。

很多装企产值从3000万元增长到5000万元、5000万元增长到1亿元、1亿元增长到2亿元、2亿元增长到5亿元、5亿元再增长到10亿元，其实在它不断增长的过程中，五项能力（流量、产品、交付、组织和信息化）的协同是同步式、协调式往前发展的。因此装企一定要修炼基本功，补齐短板，顺势而为，如此才能行稳致远。

存量时代靠的不是长板，而是短板，短板决定了生死，胜者为王，剩者亦能为王。

一起装修网创始人黄杰说："一起装修网的主要精力还是会放在补短板上，只有短板都补起来了，我们在流量方面的优势才能真正发挥出来。而很多公司出现问题，其实是计划没有做好，供需没有匹配好。所谓供需匹配，是指流量的供给、人的供给、产品的供给等要与订单的需求相匹配，这需要颗粒度极细的管理，而且要确保每年都要匹配好。也就是说**人力、流量、产品、交付、信息系统这五件事要同步走，可以不完美，但一定要同步，不能有的太早有的太晚**。这种不匹配长期存在就会形成结构性错位，错位造成低效，最终导致装修公司失去竞争力，很难可持续增长。"

一起装修网最早是做家装建材团购会起家的，从2009年到2015年底，主要业务是通过家装论坛、装修知识库等引流，然后组织团购会，团建材、团家居，面向半包市场。2016年拿着2亿元A轮融资推出自营装修业务，开始打造家装O2O闭环。2017年后开始转型，黄杰不主张快节奏发展，而是聚焦解决一个问题，节奏卡得非常好，也许比其他头部装企慢半拍，但调整好节奏后会全力以赴，一层一层往前推进，这种"临在"状态，使其经营稳健，实现可持续增长。

4.红利期：长肌肉的最佳时机

为什么全国或区域头部装企都能增长到一定的体量？在2021年时，全国产值过 10 亿的装企有 20 多家。是因为他们抓住了早期的地产红利、流量红利、人口红利、技术红利等外部十倍速变化带来的增长机会。**红利期意味着可以犯错、可以踩坑，因为有足够的利润能覆盖走弯路所交的学费，是长肌肉的最好时机。**

但如今，长期的低生育率、人口负增长已经将我国推进到人口转变的新阶段，人口年龄结构变化呈现新的特征，这意味着人口红利削弱，经济增长承压，装企发展遇到瓶颈甚至危机，即装企未来踩坑可能会付出比以前多几倍的成本，除了成本还有生存机会，可能会影响企业的稳定发展。

从政策层面来看，近一两年相关政策也在积极推进旧房翻新，比如2023 年 7 月，住房和城乡建设部等部门发布了《关于扎实推进 2023 年城镇老旧小区改造工作的通知》。国家统计局数据显示，中国至少有 2.7 亿套房龄超 20 年的旧房，有着旧房翻新的需求，规模达万亿元以上。据海通证券预测，存量房旧改未来的年均复合增长率将达到 8.7%。

这对装企来说是利好，当野蛮生长时代结束，以用户价值为中心的人心红利时代到来，高速变化时代下装企得寻找新的增长点。毕竟，优势打不过趋势。没有装企的时代，只有时代的装企。

小结一下，有长期价值的头部装企的能力模型是什么？这些能力如何长出来？获客效率、大规模稳定集成交付、组织力保障及建设、大产品力和信息化的协同效率构成了核心能力模型，而要形成这些能力还要有创始人、企业文化、发展节奏和红利期四个关键变量。

第二章
品牌定位、内容营销与私域流量
运营

一、成熟市场，竞争的基本单位是品牌

1.装企的品牌价值呈现

品牌价值＝保障价值＋彰显价值。前者让顾客放心，消除购买前的担心——口碑差、不划算，放心做出购买决策；后者要能彰显身份、品位、信仰等。

品牌价值＝内在价值＋外在价值。前者不因他人看法而改变；而后者会因他人看法而改变。如用"用帮宝适，让妈妈睡个好觉"的广告语，商品不好卖，因为外在价值为负面；"用帮宝适，宝宝干爽睡得香"，外在价值为正面，畅销了。

对装企而言，品牌价值更贴合第一种。只有建立品牌且品牌完成心智预售——顾客指明购买，可以降低各种交易费用，才有超额利润，如方林装修过的房子在沈阳二手房市场是可以额外加钱的，客户认可这个品牌。没有形成心智预售的品牌，就只能为货架、流量多付费。

2.品牌三大原理在家装行业的应用

（1）品牌失灵论：创造重复博弈，给客户惩罚自己的机会

品牌是一种重复博弈机制，是企业创造给用户惩罚自己的机会。出事的时候，你认错买单，接受惩罚，则品牌有效，如圣都的"客户十怕，圣都十诺"，一起装修网的"铁锤行动"，17项不合格全砸等，其实就是给用户惩罚自己的机会，出事的时候不逃避、不玩套路，明确承诺及愿意为错误买单，那么品牌就有效。

曾有家知名装企专门成立法务部用来跟客户打官司，和客户耗，然而客户根本没精力跟装企耗。这就是将单次博弈玩到了极致，品牌不是失灵了，而是根本就没有品牌，也没打算去塑造品牌。这种连品牌都失灵的装企，其品牌成本和品牌资产也就无从谈起。

（2）品牌成本论：品牌是用来降低成本的

品牌主要可以降低三大成本：一是企业的营销成本，二是顾客的选择成本，三是社会的监督成本。企业因社会的需要而存在，而社会需要品牌来降低对企业的监督成本。品牌影响力越大，社会监督成本越低。

装企要降低营销成本和顾客的选择成本，一切营销创意及产品卖点都要以此为出发点。如爱空间的Y5系列、L7系列、X9系列三大整装居住产品，适合年轻人生活的Y系列，适合成长型、有娃家庭的L系列，适合未来生活的X系列，顾客看到就知道怎么选，降低了选择成本和营销成本。

（3）品牌资产论：能带来效益的资产积累

能带来效益且是企业最重要的资产形式的用户品牌就叫品牌资产。企业在做品牌建设时，要看到底增加了哪些资产，或者在过去好的资产上，追加了哪些投资，保证每一分钱的投资都要形成资产，否则就不做。

品牌升级不是抛开过去资产搞点新东西，资产是一件一件的事或者很具体的某一句话、某一个符号。不管是产品还是内容，要在用户脑中形成

心智资产，通过品牌联想，影响用户偏好和决策。如满屋研选曾作为2022杭州亚运会官方供应商，占据了品类，即满屋＝整屋软装，品牌＝品类，闭着眼睛选，款款皆爆品，这些都属于品牌资产。

3.从品牌三问看装企定位

品牌要发现品类，而非生造品类，即确定服务对象是什么品类，卡好生态位。

家装细分品类按房屋属性分为自建房、回迁房、廉租房、商品房等。以商品房为例，按装修属性分为过渡型住房、刚需经济型住房、刚需品质型住房、改善型住房及享受型住房。以享受型住房为核心的大宅别墅按装修程度分为普装、精装、豪装等。

这些品类有何不同？与竞争对手比较，装企如何找不同之处？

品牌定位决定了为哪类群体服务？提供什么样的差异化价值？为什么你能提供？通过差异化定位，"让自己变成另外一个新物种"，同行才没法跟你竞争。

何以见得？营销专家小马宋说，"打造一款爆品，不仅仅是要把产品本身做好，更重要的是要让用户感知到它的好"。

那如何让用户感知品牌的好？

第一类信任状：品牌有效承诺及更好的服务，而非在是非、习惯上进行教育。如南鸿装饰制定了108项标准工艺，25项砸无赦，产品不达标，必须要砸掉，还有3大节点的验收，包括水电验收、中期验收、竣工验收，从关键节点把控整个施工的品质。

第二类信任状：顾客可以自行验证的事实，如门店、口碑、评价等；品牌能见度也可以自行验证的事实，如沈阳方林、杭派家装。

第三类信任状：权威第三方对品牌的证明或背书，如专利证书，各项国际、全国类大奖等。

4.装企品牌三大主要问题

家装是典型的低频、高客单、高复杂行业，对多数人来说，一生可能仅装修一次，最多也不过两三次，而且间隔常在七年以上。从博弈角度来看，这是典型的单次博弈，也因此出现了各种坑蒙拐骗的家装公司，做的都是一锤子买卖，能赚一笔是一笔，根本不管用户的差评和投诉，甚至维权。

装企品牌不是说想做好就能做好，现实往往事与愿违，商业模式、组织架构、售后服务、供应链、施工交付、信息化等牵扯到家装的每个环节，而且都不可控，也不稳定，无法形成品牌。

那这个行业就没品牌吗？当然不是，高端设计品牌做高端服务，做质不做量，有相对高的毛利率，也会做好服务，即只有口碑驱动才可能形成品牌，规模效应是形成不了品牌的，家装行业的规模效应与口碑成反比。

品牌意味着知名度高、品质相对稳定，是用户选择装修的重要参考。但当前家装行业采用分包模式，导致大规模交付品质不稳定，行业也缺失了用户信任的品牌。当前大多数装企都存在三大问题：知名度低、认知度差、美誉度不高。

（1）知名度低

一项数据显示，只有3.73％的用户可以准确说出一家装修公司的名称。同样低频、高客单的珠宝首饰行业，因为品牌集中度高，知名度自然高，如周大福占10.9％的市场份额；再看家装行业，3万多亿的家装市场，第一个营业收入破百亿的贝壳家装，2023年净营业收入达109亿元，占比仅0.36％，犹如盆里的一滴水。

（2）认知度差

品牌认知就是品牌在用户心智中的形象。先不说很多用户不知道家装品牌，即使知道，这些品牌在用户心里是什么认知呢？可能就是增项、不舒服、体验差、服务差、交付差等不良认知吧，无法长期建立优势认知。这种优势认知就是承诺，是契约，是保障。放心就是品牌带给装修用户最大的利益。

（3）美誉度不高

除高端小众市场溢价高、能慢工出细活外，大众市场上装企交付品质很不稳定，或多或少都会有点问题，能达到用户最低期望就不错了，用户体验一般或很差。加上装修重服务且服务链条很长，目前是规模不经济，所以就缺乏全国性、广为人知、有一定价值的品牌，更谈不上美誉度了。

一直以来，传统装修公司几乎没有口碑、品牌可言，同时声量也不够，它们有的只是一定范围的知名度。用户如果要装修，就会多方打听、考查，因此装企口碑就显得很重要了。

5.影响装企品牌的因素

先看一个影响力组合模型：POEM。

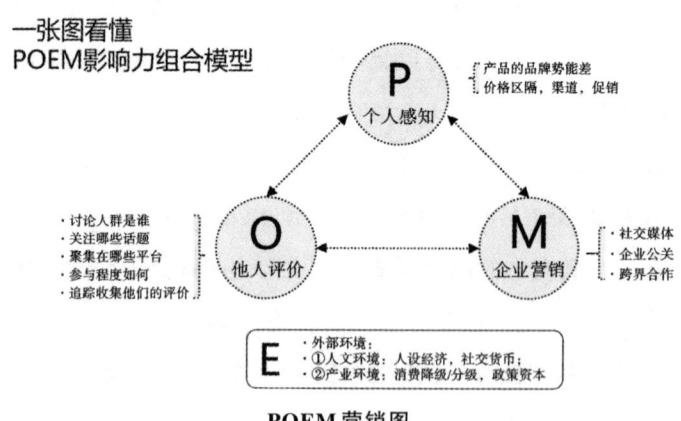

POEM 营销图

P（个人感知）：产品的品牌势能差；价格区隔，渠道，促销。

O（他人评价）：讨论人群是谁；关注哪些话题；聚集在哪些平台；参与程度如何；追踪收集他们的评价。

E（外部环境）：人文环境（人设经济，社交货币）；产业环境（消费降级/分级，政策资本）。

M（企业营销）：社交媒体；企业公关；跨界合作。

P、O、M三者相互作用，权重是动态的，P在消费决策中的份额会被O和M瓜分，而O的崛起削弱了M。P带动O的自传播，是成功的关键；M幕后助力O的扩散，推动P的迭代。

由于家装行业还是以产品或服务为主导，"质"存在极大的不确定性、不稳定性，这时基于差异化的感性定位和品牌形象的感性诉求就不起作用了。而营销（服务）趋近于产品的绝对价值，所以得先把房子装修好才行。

P在家装行业不稳定，为了签单，可以通过设计效果图的颜值功能等触动客户。而交付品质的不稳定性，使得O多是负面，口碑很差，这时企业怎么做M都会增加获客成本，因为家装是低频消费，没有他人的好评和转介绍，获客效率会降低，成本自然居高不下。E受上游地产和国家碳中和、以旧换新等政策以及消费降级/分级影响极大。

6.装企的价值表达

（1）装企广告营销的关键

产品价值表达是品牌定位的外化，是品牌定位落地的产物，是用户和品牌发生链接的媒介。广告营销是通过各种渠道和方式向消费者传达信息：第一，我发现了你的痛点；第二，我的解决方案是什么；第三，为什么我值得你相信。

怎样做营销，史玉柱说过一句名言，"营销没有专家，消费者是唯一的专家"。在购买时，你可以使用任何语言；但在销售时，你必须使用消费者的语言。好装企、好产品应该主动给自己贴标签。

不少装修公司用价格来做区分，或用排行来区分。本质上这些装修公司没有差异化，用户很难分辨哪个公司适合他。所以，行业就出现了定位同质化、营销差异化的现象，即套路满天下、打折又送礼、明星来驻场，客户无法分辨，最终导致装企获客效率持续降低，引流成本不断推高。所以装企营销时首先要从广告上做出差异化表达。

（2）价值表达的"二语三性"法则

华杉老师说，"广告不是我说一句话给顾客听，而是我设计一句话让顾客去说给别人听"。

如链家在第一阶段以真房源作为核心，用短视频记录真房源的装修过程，进行打假行动等，不断强调"真房源"的核心差异化价值，以此作为内容输出；第二阶段从关注显性的价值到关注隐性的价值，从关注房源到关注买房、卖房背后每个家庭的故事，以此作为内容输出，更能打动人，形成共鸣。当今时代是一个文字与影像混编的时代，好的映像叙事更需要有力量的文字画龙点睛。

①销售用语：一线销售人员使用的话语。比如"怕上火，喝王老吉"，销售人员会说喝王老吉可以预防上火；"装修选圣都，透明每一步"，客户经理可以告诉顾客，这里消费透明，不花冤枉钱。

②顾客用语：考虑顾客转介绍时的负担，弱化广告腔。比如某牛奶的广告语由"新鲜每一天"改成"不卖隔夜奶"，慕思寝具的"今晚，睡好一点"。

③可信性：顾客是否相信，优先使用高级信任状。"10户中国家庭7户用公牛"，公牛的信任状是安全用电专家，掌握2590项专利，一年热销超过13亿件。

④竞争性：是否有效转化竞争对手的客户，广告发布后竞争对手有没有反应。如王老吉、加多宝改名之争，珠江啤酒广告语"去甲醛"之争，简一广告语"高档装修，不用大理石，就用简一"涉及的"大理石瓷砖"之争。

⑤传染性：能否二次传播，是否具有冲突戏剧性、简单易记性、高频

诱因性、社交货币性（带来社交利益，提升社交地位）。例如：德州扒鸡的广告语"再忙也要聚一聚"不如"德州扒鸡，三百年御膳卤味，十代人匠心秘制"；火星人集成灶的广告语"炒100个辣椒都不怕"；左右沙发的广告语"幸福不远，就在左右"；顾家家居的广告语"因为顾家，所以爱家"；等等。

（3）"好的装修，其实不贵"的案例解析

以积木家的"好的装修，其实不贵"作为价值表达的案例解析。

该广告语的优势是强化定位，这是企业的真北指标，给企业内外都是一个传达和态度，背后是笃定的企业使命；企业达到一定的量级后，定位的价值在用户端和行业里会被放大，会更有价值。

该广告语的挑战是价值表达承载了企业使命和部分战略、价值观，不完全是一个对用户的表达方式，跟用户有距离感：不全是给用户说的，会削弱对用户的表达，也给了和企业相关的价值网的声明。该广告语还挑战了生活常识，隐含假设就是"好的东西，本来是贵的"，作为年轻人的品牌，如何穿越这种复杂性决策给年轻人带来信任感，是有疑问的，除非是他切身感受后，有了真切认知，才会对你的定位语产生认可。

二、品类机会，尝试打造用户品牌

1.家装人群细分，把握装企的品类机会

很多装企对客户是没有进行明确细分的，谁来都服务，签单为上。细分有助于聚焦，在局部市场构建竞争优势。通常以显著差异细分用户，如地域、房屋类型、收入水平、风格偏好、渠道选择等。

（1）按照房屋属性划分

精装房用户：地产开发商已经完成了基础硬装部分的施工，但因为其装修标准存在差异以及用户的审美标准不同，大多数精装房用户拿到房子

并不能立刻入住，还需要对空间进行微改造和软装适配才能最终使用。

毛坯房用户：毛坯房在南方城市也称为清水房，是装企必争的一个主市场，从目前的分布来看，一线城市的毛坯房占比正在逐年降低，二、三、四线城市毛坯房的占比相对较高。

老旧房用户：在一线城市和新一线城市，因为开发建设得比较早，再加上近年来土地资源的紧缺，房地产开发商频频爆雷，导致二手房市场的活跃度逐年递增，很多二手房交易完成之后都需要进行局部改造或再次翻新改造。

（2）按照用户选择产品划分

半包用户：设计服务 + 施工服务 + 业主自购主材和一部分辅材。

硬装用户：全屋设计 + 基础硬装施工 + 硬装主材 + 硬装辅材。

软装用户：全屋设计 + 空间微改造 + 全屋定制 + 家具软饰 + 灯具。

整装用户：全屋设计 + 硬装施工 + 硬装主材 + 硬装辅材 + 全屋定制 + 家具软饰 + 灯具。

旧改用户：局部微改造/全屋翻新/局部空间换新。

（3）按照用户消费喜好划分

根据用户消费决策的关键要素，如设计、施工、价格、服务等进行用户划分，可以帮助业务人员快速捕捉用户的需求痛点，找到沟通话题的突破口，建立起跟用户沟通的桥梁。

关注设计型用户：对设计有自己的想法和偏好，对设计师的要求比较高，满意的设计方案是成交的关键因素。

关注施工型用户：对施工质量要求极高，有一定的施工工艺认知。

关注材料型用户：装修前做了大量的材料品牌了解和对比，对品质有一定的要求。

关注价格型用户：价格敏感型，这部分用户一般是装修前有明确的预算，卡着预算做装修，先确定价格，再确定方案，一般是刚需型住房用户；价格不敏感型，这部分用户看中装修质量，先定方案再定价格，可能前期有预算，但是预算可进行调整，一般是改善型住房用户。

关注服务型用户：随着社会生活节奏的加快，很多装修用户都没有时间再跑工地、跑建材城，他们越来越关注一站式的装修服务，对服务的品质也提出了更高的要求。

把用户信息按照生命周期、消费喜好、成交意向、购买产品类型等维度进行划分管理，制定相应的策略是用户运营的基本准备工作，能够极大地推进用户精细化管理。

2.家装用户需求的"变"与"不变"

一方面消费力降级、降维将家装作为普通型消费，追求更高的质价比；另一方面消费升级将家装作为改善型消费，更注重功能和品质。但不管具体需求如何变化，客户对美好家装体验的核心诉求没有改变。

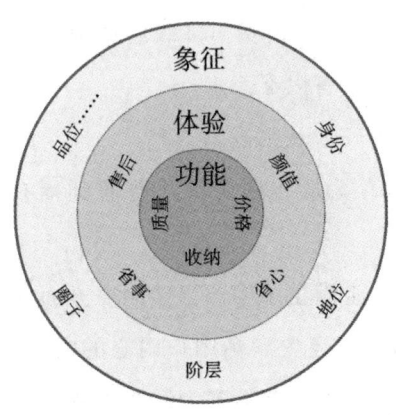

知者家装用户需求价值罗盘

除去回迁房和顶级豪宅装修需求，家装用户大致分为三类，即刚需型（经济型、品质型）用户、改善型用户、享受型用户，分别对应的核心需求是功能性价值、体验性价值和象征性价值。

（1）刚需型用户（功能性价值）：价格，收纳，质量

满足此类客群的核心需求，除满足其功能性价值外，提供一定的体验性价值，比如好看和省心，会更有竞争力。

（2）改善型用户（体验性价值）：颜值，省心，省事，售后

有效地满足此类客户的核心需求，功能性价值是基础，体验性价值的颜值和售后要求更高，且要有一定的品位。

（3）享受型用户（象征性价值）：身份，地位，阶层，圈子，品位

有效地满足此类客群的核心需求，且提供更多附加价值。做大宅或别墅的装企在服务享受型用户时，应提供象征性价值，而功能性价值是基础，体验性价值是保障，他们为了省心、省事，愿意多花钱。

3.家装用户消费升级，升级什么？

在经济可能持续低迷的情况下，消费者更倾向于寻找降价不降质或升质不升价的产品，即花钱更谨慎，重视性价比、颜价比。"消费左移"现象其实是消费升级（分级）、消费力降级的体现。那么消费升级到底升级的是什么？笔者认为核心有以下三点。

（1）从需要到想要——从刚需到改善

用户需求从无到有，从有到好，从普通到稀有，包括结构、品质、体验。

过去的产品中，装企满足了用户更多刚需方面的要求，但现在仅仅满足用户的刚需是不够的，还要满足用户内心的需求。例如，几年前刚需型住房跟改善型住房在效果上差不多，但如今两者完全不同。

（2）从大众到小众——个性化定制

大众的产品不管工艺多好、原材料多环保、品牌知名度多高，如果不精致、不稀缺，同样满足不了用户的小众追求。现在用户消费分级，需求开始从性能类到过程体验类，再到自我实现类逐渐迁移，即个性化需求

更多。

（3）从功能到精神——价值认同

认知是一个迭代的过程，企业最重要的是跟随消费者，跨越那个极限点、失速点，然后活下来。人95%的决定是感性的。感性的决定，非常快，基于直觉、感情，它是随时随地的；理性的决定，非常慢，基于思考、事实、分析。

过去讲工艺、产品差异乃至上升到功能满足的不同，大多数装企表现得不错，现在讲德标工艺、欧洲工艺，很多装企就不适应了。产品同质化竞争下，装修公司的工艺水平、工程标准大同小异，对用户而言差别不大，花同样的钱，想要的功能都能实现。这种情况下，容易忽略用户对情感和精神的需求，就是"我为什么要选择你？"比如鸿星尔克和安踏，部分用户选鸿星尔克可能是因认可其爱国行为。

4.打造用户品牌的四个保障

（1）找准商业模式

①先定模式。按照服务对象，装修市场可以分为2C和2B两大类型，2C家装的服务对象是具有装修需求的新房业主和具有改造翻新需求的旧房业主，2C家装可以分为清包、半包、全包、整装零售、定制等，而2B家装则直接交付给房企或长租公寓管理公司。

②洞察用户。企业要清楚用户家装消费习惯变了，以前是量的消费，现在向质和价值的消费转变。如原来以清包、半包为主，之后慢慢从硬装再到整装不断地进化；材料消费场景也发生了变化，原先要去建材市场、卖场，去选材料、买材料，现在直接去家装公司；还会通过朋友介绍或被短视频、图文、设计师等"种草"，主动寻找适配的家装公司。

③占据心智。用户往往首先想到品类，其次才是品牌，如提到沙发就想到芝华士，提到全屋定制就想到欧派。所以品牌企业最好占据一个品类

的心智，广告围绕这一点来展开，不能贪多，占领一个细分品类就好。如小米手机，品质好，价格比山寨机还低，一经推出，山寨机就慢慢退出了市场。如今用小米手机的那批年轻人成长了，收入增多，向中产挺进，小米相应地推出了新能源汽车。

④做好定位。有的产品是价格敏感，有的产品是品质敏感，如服装的第一需求是款式好不好看，价格便不便宜，穿着舒不舒服。装企为用户提供的价值就是产品定位，主打性价比还是颜价比。如容象空间设计，成立于2013年，一直专注于高端空间的装修定制，围绕设计作品的高完成度、客户服务的高满意度，打造了完整的深度定制生态产业链。容象空间设计现在的定位和背景，与其资源、禀赋都有关系，全案客户身价都在数亿元以上。高端如何界定？理念一致，看物质层面和精神层面，物质层面表现为愿意花钱，且精神层面也得跟上。比如客户说设计就是动动手、画画图，那对不起没法合作，给钱也不合作。这类客户尽管在物质层面很富有，精神层面却很匮乏。

（2）解决人的问题

企业成长的瓶颈第一是人。

给员工充分的权利和保障，激发全员领导力，员工不再是被动地接受指令，让能力强的员工有充分施展抱负的空间，企业提供平台、人力、资源等支持，鼓励企业内部优秀员工小成本创业创新等。

京东把员工分为五类人，主要参考两个维度，即能力与价值观。

对于装企而言，价值观匹配度高，能力强，而且不管公司经营得如何，对公司的事业都非常有信心，能够跟公司的合伙人或高管一起走下去的人，这类人可以当作事业合伙人培养；价值观匹配度一般，能力强，短时间能为公司创造巨大收益，但遇到问题没担当的人，这类人叫利润合伙人，不给股票，分红就可以了；能力强、业绩好，但拉帮结派吃回扣的人，和铁锈一样，会腐蚀组织、他人，要高调干掉，杀鸡儆猴；价值观匹

配度高，能力弱的人业绩不行，可以给机会转岗、培训等；价值观匹配度低，能力也弱的人就淘汰。

（3）把握融资节奏

融资要快，金额要足，能够支持公司优质业务快速发展抢占市场，快到让竞争对手望尘莫及。许多创始人在企业快速发展阶段害怕股权稀释，融资时小心翼翼，其实创始人可以以很少的股权要求董事会授予自己全部的控制权、决策权，像任正非、刘强东一样，以免错过最佳发展时机。合适的投资者是理念认同，肯长期持有，还能帮上忙，关键时刻助你渡过难关。

（4）能够稳健发展

"不下牌桌比内核稳定更重要"，在家装行业，装企的发展不是马拉松，更像是打麻将，对一些公司而言，不下牌桌是不知道赚了还是赔了的，不知道亏损有多大，所以有些门店或分公司亏损也不轻易关，关店成本是开店的三倍，甚至会引发连锁反应。

在上一轮家装行业重组中，营销闭环、交付断环、法人跑路和低价营销、恶意增项的劣质产能被逐渐排除；而本轮经济大周期叠加地产周期对行业的影响更大，会将毛利率不低、净利率极低或为0的低效产能淘汰掉，装企必然从低质量发展走向高质量发展。

三、装企品牌内容营销的逻辑

1.为什么要重视内容营销

（1）从营销角度

①通过传播渠道，门店开在好一点的商圈或位置、在平台型公司买流量、小区营销、异业联盟、电商渠道等，但壁垒低，易模仿。

②通过内容营销，与用户建立长期触达及交易的关系。渠道不同，触达受众不同；内容无趣，品牌则没势能。

（2）从高效获客角度

高关注度＝高质量的内容×足够数量。

高质量的内容代表可信度和价值感，足够数量代表互动频次。无论是获客、转化还是复购，最终都离不开内容价值的传递与运营。持续向目标受众提供有价值的内容，实现品牌信息触达，展现获客、转化、复购、分享的全流程，推动装企高效获客。

2.装企如何建立内容营销机制

（1）树主张，找差异

围绕品牌主张，找差异、做类比，确保内容营销在听觉、视觉等触点上符合品牌调性及长期的品牌价值。

（2）做规划，调定位

先要了解自己的受众，以"用户价值＝产品＋解决问题"为方向策略，对企业的目标群体画像有清晰认知，了解装修用户的消费心理，提供针对性内容。

装修用户体验可分为五个阶段，如下表所示，可以据此给出明确的解决方案。

一、筛选装企阶段，选一选	1.在自己熟知范围内查找合适的装企，通过向亲友询问、网络查询、查看广告等方式将找到的装企置于备选名单。 2.了解装修服务的基本流程（设计、施工、售后等流程）及装修产品类型（旧房翻新、新房装修、精装房适配）。 3.了解装修效果案例参考（实景效果、同户型效果）及报价方式（按平方米报价、按空间报价、按项目报价、套餐一口价/半包或全包等）。 4.对装企的基本情况做综合对比和评估（品牌、口碑评价、价格范围、装修档次、实力和差异点、门店位置等）。 5.初步筛选，确定意向装企，预约门店（展厅）实地考察。
二、到店了解预定阶段，看一看	1.确定到店考察时间、出行方式、到店理由（考察、门店有活动、假期有时间）。 2.体验迎宾、接待和售前的服务细节，评估接待人员（客户经理、设计师）的专业度。 3.详细了解装企的产品模式（半包、硬装、整装）和服务流程（装修前、装修中、装修后）。 4.产品报价方式，参观展厅的样板间（品牌、设计、工艺、材料、服务、样板间介绍）。 5.对装企整体的评估是否可靠、资金是否安全、订金是否能退、报价是否合理？ 6.预定之后的服务流程是什么？量房时间、多久出方案、何时开工、量房前需准备什么、工期如何保证？
三、方案设计签约阶段，算一算	1.现场量房和需求说明沟通，空间需求是否有遗漏？空间是否有个性化需求（如采光、通风、户型要求）？设计师是否给出解决方案？ 2.局部个性化项目的施工工艺和处理办法，是否存在位置项目的收费问题？收费是否包含在装修条款中？ 3.方案设计等待过程中是否有沟通探讨？有没有征集全家人意见？调整后的方案多久能给出？ 4.评估最终方案是否在预期之内？价格是否还有优惠空间？ 5.货比三家，算一算多家装企报价方案，哪一家性价比最高？ 6.合同项目条款是否完整？是否有隐藏增项？工期延误怎么办？

四、施工交付服务阶段，验一验	1.装修业主、设计师、项目监理、项目经理四方现场交底，设计师现场需求讲解。 2.团队人员是否到齐？施工排期是否合理？需求对接还有哪些遗漏？后期会不会出现偏差？需求标记是否清晰？房屋户型缺陷的影响有哪些？ 3.施工前的准备工作，筹备期需要多久？需要衔接的第三方项目是否可以帮忙对接？ 4.施工进度、节点验收、问题处理具体是如何做的？ 5.自购产品和装修施工衔接问题，即规格尺寸是否匹配？是否可以顺带安装？是否可以将非施工垃圾一并处理？ 6.各环节验收标准是什么？尾款缴纳方式是什么？
五、售后服务保障阶段，评一评	1.质量和售后问题找谁处理？ 2.问题处理通道是什么？是否分层处理？流程是否清晰？ 3.问题处理是否及时？是否有明确的责任人？处理效率和态度怎样？处理结果如何？

（3）搭建内容营销团队

内容营销团队的建设，大致有3条路可以走，即内置模式、连接模式和全员皆内容。

①内置模式：搭建一个完整的内容营销团队，把内容营销的各个环节（策划、生产、传播、评测、优化等）连接起来。

②连接模式：企业连接各类第三方平台、媒体、自媒体、MCN机构、达人、专家、权威机构甚至真实用户。

③全员皆内容：公司全体人员都可以是内容的生产者、推广者。装企首先要营造全员营销的氛围，鼓励所有人生成内容、推广内容，如设计师将设计作品、装修案例在各大平台发布，施工管理人员将现场施工录制成视频进行推广，甚至专人拍开工仪式、交付仪式、业主亲友的暖房视频等。

3.装企如何打造优质内容引流

（1）内容选题：什么样的内容选题更容易获客

先看下装修内容文案常见案例。大多装企在内容推广时，常见的内容主题如下：

"××房骗局，有的房要钱，这类房夺命！"

"××万打造的101平方米，你家这么装美哭了"

"别再跟风了，××风根本不适合中国家庭！"

"年轻人一定要知道××避坑指南"

"这个错误让你的装修至少损失10000元"

"如何用××方法省下50000元装修预算"

"业主经常忽略的一个装修错误"

……

以上这些内容主题利用放大恐惧、对比、制造矛盾、同理心、情绪营造等多种策略进行内容选题策划，架构内容。好的文案，在维度策划、内容输出方面都会遵循一定的内容架构逻辑。

（2）内容生产：如何基于现有内容快速产出高质量内容

首先，明确文案类型是销售文案还是品牌文案。核心都是获取潜在客户、建立信任、提高销量。然后围绕用户的三个目的（认知、情感、行动）进行内容创作。

其次，品牌文案的目的是解决"认知""信任"问题。

再次，销售文案是围绕"行动"的文案，主要是让用户在读完之后能够产生点击、咨询、购买的动作。为实现这一目的，销售型文案应具备三个特点：①明确装修产品卖点，给用户一个购买的理由；②明确的行动引导，如设置"立即咨询""免费量房"等标签，引导用户产生行动；③立即行动的理由，向用户阐明为什么要现在定，比如活动力度大。

最后，内容生产得和销售漏斗、市场漏斗等结合起来，根据转化等反馈及时调整。

（3）优质内容写作技巧

①找准要沟通的对象。写内容文案之前，弄清目标用户的痛点、痒点、盲点。

可以从以下六个维度对目标人群进行详细筛选：

人群标签：基本特质，如性别、年龄、地域、教育水平、职业、收入、婚姻等。

人群偏好：追求品质与舒适度、高性价比装修、独特风格和创意等。

待满足的需求：基本功能需求、潜在升级需求、精神需求等。

与本品类的关系：从未装修过的用户，内容侧重、产品服务是什么，能解决什么问题，能带来什么好处，为何值得信赖？与同类产品比，优势是什么？

与本品牌的关系：从未听过、有所耳闻，抑或忠诚的客户，如不了解本品牌，内容营销首要目的需考虑如何让人信任。

对我们广告的印象：是否了解过我们的广告，印象如何？

②找准要说的点。对装修行业而言，常涉及的内容营销主要是销售型文案撰写，以此来达到获客销售转化的目的。

效果较差的文案一般存在两个问题：一是内容缺乏重点，用户看不懂，始终处于"猜"的状态；二是内容无明确目标，仅在刷存在感。要确保销售型文案的效果，得先确定文案的目标，在文案创作前考虑清楚以下四个问题：

· 说什么：想要表达什么？传递给用户哪些信息？

· 对谁说：目标是谁？有什么特点？与我们存在怎样的关系？

· 在哪说：投放在哪里？在什么环境下与用户说？如何更好地触达用户？

·怎么说：基于以上，考虑怎样更好地进行表述？

当下用户注意力转移得很快，没时间"猜"，除了以上4点，内容是否表述清楚、是否找准关键点、是否达到既定目标，也是文案是否有效的评判标准。

（4）卖点那么多，到底说哪个

产品卖点那么多，是否全都写进去？以某装企699套餐为例，其常强调的卖点有：699整居全包，平方米计价不加价，全球精选好材料，60天工期，VR试装体验，装修贷款可分期，5年质保，全屋人性化设计，私人定制方案，家装无忧险，九大特色工艺，80道标准工序……

这么多卖点，如何做筛选？**卖点的筛选，主要分为三步：将所有卖点列出，按照用户关注度进行排序，考虑跟竞争对手的差别。**

以上面的卖点为例，先将该产品的卖点列出：

①699整居全包；②平方米计价不加价；③全球精选好材料；④60天工期；⑤VR试装体验；⑥装修贷款可分期；⑦5年质保；⑧全屋人性化设计；⑨私人定制方案；⑩家装无忧险；⑪九大特色工艺；⑫80道标准工序……

对以上卖点逐一分类，如①②③这些都属于产品特点，突出产品高品质、低价格的性价比；⑤⑧⑨属于风格设计类，通过定制服务，让用户所见即所得；⑥⑦⑩属于保障类，让用户装修无后顾之忧；④⑪⑫则属于施工工艺类，突出标准化施工的工艺特点。梳理之后，产品卖点就变成了：

高品质、低价格：699整居全包、平方米计价不加价、全球精选好材料；

大咖设计，所见即所得：私人定制方案、全屋人性化设计、VR试装体验；

标准化施工工艺：60天工期、九大特色工艺、80道标准工序……

家装无忧有保障：装修贷款可分期、5年质保、家装无忧险。

通过初步筛选，我们自然找到了需要重点突出的卖点，然后根据对目标人群的分析，按照目标用户的关注度进行排序，找到卖点的权重排序，同时考虑跟竞争对手的差别，尽可能对差异点进行重点宣传。

四、从私域流量池构建到签单

1.私域流量及其关键指标

私域流量是基于信任关系建立起来的封闭流量池，属于你直接拥有的、可重复、低成本甚至免费、可多次随时随地触达的用户群体。私域流量的三个关键指标如下。

①私有化：建立连接用户的数量和触达用户的能力。具体表现为微信群、公众号、官方网站、抖音号、今日头条号、快手号、APP、小程序、小红书、电商平台的店铺、星球、会员体系等触达方式，形成的企业私有化的流量池。

②复购率：用户复购比例。用户养成路径依赖和习惯，进行持续重复购买行为。

③转介绍：老用户介绍新用户。转介绍的根本是认可，靠的是远超用户期望的体验和优质产品，其次是通过老用户运营，促进私域流量池二次扩大。

2.装企搭建私域流量池的六大步骤

①选择流量平台。在哪些平台开账号，要根据装企目标用户特点来分析，你的用户在哪里，就去哪里。比如设计师及设计工作室习惯用小红书打造IP，家装公司用抖音推广品牌，项目经理、工人用快手和抖音吸粉。

②组建运营团队。获客成本高企，让装企意识到了私域流量的重要性，但一方面投入的精力和财力不够，另一方面招不到专业的运营人才，

即便招到，这些多半出身互联网和教育行业的员工也不太适应装企氛围，难以融入，最终导致项目流产。所以，装企需要强化企业文化建设，加大投入，重视运营团队建设，笔者了解到有的装企运营团队人数达200人，获客能力很强。

③明确增长目标。有了目标才能有的放矢，通过追踪各账号的粉丝量、群成员数量、转化率等，准确把握流量池的价值。

④流量扩大方案。如何吸引更多人进入流量池，不仅是目标用户，还要兼顾那些乐于分享、喜欢传播家装相关内容的人，活跃群组的同时扩大传播价值，吸引他们加入群组。

⑤设计转化机制。通过拉新、裂变、留存、促活、转化、复购、口碑介绍等机制，让每个渠道进入的流量实现回单自增长。

⑥进行精准营销。可采用红包、拼团、价值内容分享、线下团体活动等方式增加用户的活跃度和黏性，针对用户的不同需求，制定不同的转化产品和转化策略，进行精准化营销。

总之，装企私域流量池的创建过程就像大树扎根一样，一方面要把常规渠道流量深耕做透，能高效承接各类营销带来的用户；另一方面要不断开发新渠道流量，解决流量瓶颈和平衡流量成本问题。

3.私域流量运营的三个难点

①流量变现，转化率不高（1%～2%）或无闭环操作。

②流量陷阱，企业被平台牵着鼻子走，陷入无效流量和作弊流量陷阱，不买流量就没有展现、点击、留咨、潜客、订单、成交等。

③可持续增长，关键是私域流量的持续低成本获取；拉新获客、活跃度、留存率、病毒式传播。

对于装企来讲，自身流量池是比较分散的，比如材料商等合作伙伴的流量池、市场推广的流量池、内容运营的流量池、工长和工人的流量池、设计师的流量池、老用户的流量池、异业伙伴的流量池等。

当然私域流量运营不是圈地打广告，而是通过私域场景下的服务来进一步为用户提供价值。目标是要把那些高价值用户筛选出来，转化成 VIP 客户来重点服务，提高他们在单位周期内的总成交额。再就是传递企业文化，吸引一批忠诚度高，可促进企业持续向好发展的用户。

笔者重点关注的 200 多家企业里，70% 以上的企业都在想办法经营自己的私域流量池，提前建立起私域流量池，且交付还不错的装企的私域流量池都不差。

4.装企微信私域流量如何运营

（1）微信小号的日常维护

首先私下重点关注用户，每逢节假日等嘘寒问暖，先混脸熟。其次重点维护朋友圈内容，有如下几个关键点。

软度：广告不能太生硬。

频度：不刷屏，建议每日 3～4 条（如早安天气问候、工地进展播报、业主好评截图、优惠信息、团队趣事、活动信息等）。

长度：目前主流机型是苹果和安卓，朋友圈文字每行适配 18 个全角字符，朋友圈链接标题 17 个全角字符后换行，6 行内容后折叠隐藏，150 字之后，只显示一行字。

准度：分组发布、岔开时间发布、选择黄金时间发布、善用@提醒功能。

风度：正能量的内容，不骂人，不抱怨社会。

黏度：主动做内容互动，有趣有料，吸引客户参与，如投票。

尺度：不自夸，管理用户的期待值。

角度：站在用户的立场上，发用户想看的、能看懂的。

热度：如果是某一个组图、表情、文字体火了，要会蹭热点。

（2）微信社群运营

统计小区名称并筛选重点小区，通过前期营销、与物业合作等方式添加业主微信并建群，注意不要频繁发广告；前期以服务小区业主为主；培养意见领袖；群内成员进行互动，可混入私人号带节奏；市场部经理/主管做好充分的准备，尤其是专业资料，公司产品资料；邀约意向业主到门店详聊；最后深度开发。

一般而言，小区微信群的深度开发有以下五种方法。

第一，组团验房。在交付前，在小区里举办交付当天组团验房活动，计算大致报价，与业主建立信任。

第二，工地参观。由群主组织，地推和项目经理对接，组织尚未到门店的业主参观工地。要注意参观完毕务必带回门店，以设计为噱头；全程照相，向小区群发布。

第三，施工播报。由官方小号每日对施工细节的照片进行展示，并进行开工工地播报。

第四，团购政策。当到店业主达到一定数量，业主犹豫时，为加快成交节奏，可与销售部门商定推出专场团购，制定团购政策，形成转化。

第五，转介激励。群运营期间，对意见领袖制定转介激励政策。将成交过程拆分，分为信息获取—到店—下订单—签合同进行激励。

（3）活动社群粉丝营销

配合活动营销建立和解散社群，建立时间为活动开始前15～20天，人数大约为20人，确保没有同行混入。解散时间为活动结束后5天左右，解散前对所有成员挨个排查，确认是否交定、是否到店。群内所有人务必加为好友私聊，以方便再次邀约。

活动营销群的运营，善于发掘活跃的KOL，添加为管理员，通过持续制造话题、进行抽奖、开展社群游戏，以及给予其他形式的优惠及任务维持群活跃度。

成交环节的关键四步：①免费上门测量/设计方案；②小额成交，群内礼品特价秒拍，附加赠品低价抢购；③氛围营造，如群友到访合影留念分享，活动倒计时制造紧张气氛，老带新拉人感谢红包等；④进店谈单，活动前一天最后确定群内到访人员，公布领取礼品时间，活动结束后额外申请名额，解散群前再等一天加人。

（4）门店谈单的五大关键要点

①以专业形象进一步赢得用户信任。介绍产品前先破冰，找共同话题，也可以向用户提供装饰行业信息，交流过程中要真诚，多赞美用户。

②多问少讲，深挖用户需求层次。服务用户的核心点是了解不同阶段用户的关注点，可以告诉用户与之类似的其他人是怎样想的，选择了哪种产品，引导用户尽快选定。

③深入讨论价值。如用户喜欢比价格，可以从价值方面引导，放大用户喜欢的成分，让用户觉得值。

④再次确认需求及促使下定。从两个角度着手：一是制造紧张感，如预约人太多，工地需排期；二是暗示当前活动力度大，同价可免费升级等。不仅要告诉用户今天签单会得到什么，更要告诉他不签单会失去什么。以上信息必须都是真实的，不能欺骗，两个方法不要同时使用，只能二选一。

⑤谈单过程中以用户为中心，可以快下定金，慢逼单。

需注意在制定上门政策或销售政策时，要统一、规范，不要让已经签单或在签合同的用户感觉受到损失，用户一旦产生"损失厌恶心理"，容易出现负面口碑。

第三章
家装产品价值回归与供应链策略

一、家装产品策略

对于装企而言，产品理念是产品的灵魂，将会贯穿产品的整个生命周期，要明确创新是手段，不是目的。贝索斯也有类似的观点，"不要管你的竞争对手在做什么，因为他们又不给你钱。关注对手你可能做到第一，但关注自己你会做到唯一"。

1.用户画像的获得与应用

（1）用户画像及应用案例

用户画像是一个具有清晰行为的模式以及目标需求的用户原型，代表着产品用户群中的某一群人，且他们通常是主要使用者。制作用户画像是为了通过画像分析"用户"，考虑我要解决的具体问题是什么，之后据此设计迭代产品。

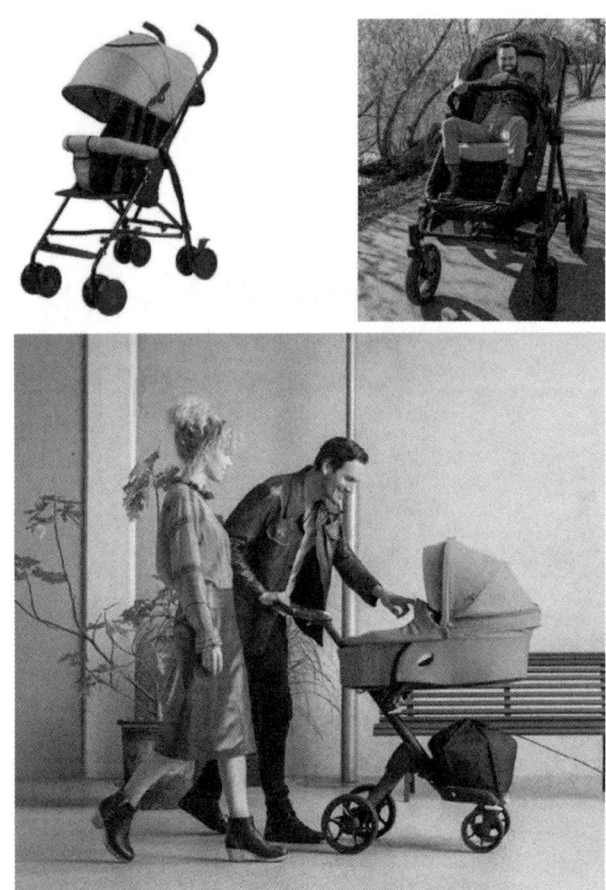

Stokke婴儿车案例

市面上绝大多数婴儿车如上图所示，婴儿总是一放到车里就哭，妈妈不得已一手抱孩子，一手推车，无形中增加外出负担。于是有人制造了成人版婴儿车，体验了婴儿的感受，后来市面上就有了这样的婴儿车——Stokke。婴儿可以和妈妈直接接触，看到妈妈的脸，时刻获得安全感。这款畅销的婴儿车解决了婴儿放到婴儿车就哭以及年轻妈妈外出负担重等痛点，说明企业对用户画像有清晰的认知。

用户画像带给装企的价值如下：

第一，确定产品目标用户。如房屋类型、装修方式、居住人口、房屋面积等，偏好标准化装修还是个性化装修，对这些群体先构建具象认知。

第二，确定产品核心用户群体具体特征。如自住还是出租，自住也包括单身生活、两口之家、三口伴幼、多代同堂、适老等具体需求，通过探索用户需求及市场导向，站在目标用户角度，聚焦其需求、痛点，以设计他们所需的产品，增加销售转化率。

第三，辅助品牌决策。当用户消费行为改变时，在功能和产品开发上，底层数据能够帮助企业洞察市场、预估市场规模，从而辅助制定阶段性目标，指导装企决策。

（2）为什么装企大都没有用户画像

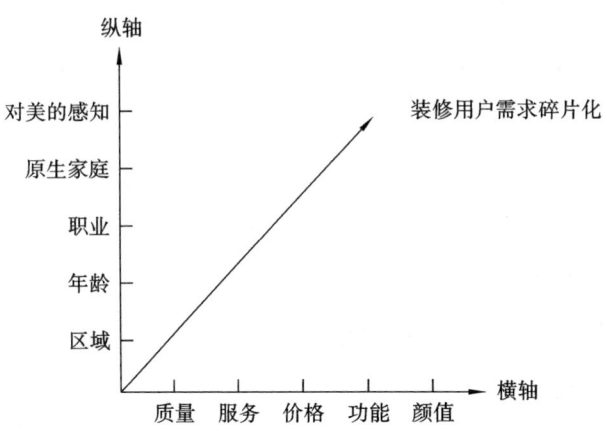

我们一提家装行业为什么做不大，总会说个性化服务过重，非标重服务，过度依赖人等，这就导致了行业内很难有爆款的标准化产品。

装企的客群描述可以从纵轴的用户特征和横轴的用户需求两个纬度切入。纵轴为区域、年龄、职业、原生家庭、对美的感知等；横轴则是质量、服务、价格、功能、颜值等，会发现用户对美的认知是极度碎片化的，就算两个发小，来自一个地方，上同样的大学，一样的家庭背景，甚至工作都一样，对美的感知也不一样。

星杰整装对高端客户群体是先建模，然后在服务的过程中找到用户画像的最大公约数，再找到用哪个产品的最大公约数，通过数据筛选出使用最多的产品。但即使这样，装企的用户画像仍可能是不清晰的，在企业规模受限的影响下，太多的个性化所能提炼的标准化也就失去了普适性。

另外硬装基于规模和可选性是可以标准化的，但家具软装还是个性化的，你放大了性价比，就牺牲了个性化，但只要谁可选性多、好看还便宜就会胜出。

（3）装企如何建立用户画像

用户画像是一种可视化的交流工具，不是一成不变的，需要随着时间及市场的变化更新。我们可以通过看、问、感、听、想这五个方面，去研究用户的行为偏好。

一看，看市场产品差异，洞察用户痛点。

二问，问开放性的问题，尽量让用户多表达。

三感，感知用户对市面不同产品的情绪反馈。

四听，倾听用户需求，给出解决方案。

五想，想就是总结，针对用户反馈总结产品优劣势。

基于以上五个方面，装企得明确产品定位与核心，确定品牌设计的基调和目标用户使用场景；创建原型角色，根据用户行为等进行分析，整合最终的用户画像，以数字化方式表达出来；梳理现有条件和能力，从中锁定问题关键点，产品设计要抛开个人喜好，聚焦用户动机和行为；通过构建人群、渠道、场景的精准营销，优化媒介组合，从而形成一套完整的用户画像体系，精准服务用户。

2.产品理念及创新

（1）结合互联网产品看家装产品理念

①用户。一切以用户价值为依归。

产品服务于谁？目标用户是怎样一群人？年轻人还是老年人？他们对颜值、功能和价格的需求是什么？整装还是局改？使用场景是什么？自住还是出租？借鉴腾讯的"10－100－1000法则"，可以每个月通过电话、面对面等方式和10个潜在家装用户沟通，通过问卷调查、回复发帖等答疑100个家装用户在各大平台的装修疑问，阅读1000个家装用户在各个渠道对装修的意见反馈等。

②定位。家装产品要有边界和基调。用一句话说清楚产品定位，产品服务于谁？解决用户什么场景下的问题？可以满足用户哪些隐藏动机？边界在哪里？

产品初期如何确定产品定位，可以从三个方面入手：用户价值、竞品情况、自身优势。

例如：意大利品牌黄金鹅旗下的小脏鞋，以及意大利的箱包品牌Crash Baggage（小破箱）。小脏鞋又贵又丑却占黄金鹅总体营业收入的90％以上。小破箱乍一看跟摔过一样，通体坑坑洼洼，价格为1500～3000元，且销量不错。表面上用户在买一款很有个性的商品，但实际上用户是想找个容器，来安放自己的某一部分情绪，如弄坏、弄旧东西时的负罪感，想融入某个圈子。基于用户的隐藏动机及情感需要，能满足用户隐藏动机、定位高端属性的黄金鹅的小脏鞋代表了新潮、新奇、年轻、时尚。

③需求。需求来源于家装用户和生活场景，本质是人的心理诉求。以即时通信软件微信为例，张小龙说，微信是一种生活方式，而不仅仅是一个通信工具，用户使用微信，并不只是为了节省通信费，更是为了获得心理满足。

④时机。主动推演风口，为抓准时机做好准备。

从哪些维度判断时机是否成熟？社会人文变迁、经济发展变化、国家政策变革、技术发展趋势是否孕育新机会。例如装配式装修，其契合"碳中和、碳达峰"理念的绿色环保装修方式。标准化设计、工厂化生产、装配化施工、一体化装修、信息化管理等功能逐步完善，新材料、新技术、新工艺出现，均会降低施工难度、成本并缩短周期等。

⑤用户认知。用户习惯是否养成，比如家装用户的装修习惯从自装到一站式购齐。

⑥匠心。坚守匠心持续打磨产品。

什么是产品的匠心？对核心能力及产品的持续打磨，把用户体验做到极致。让用户说不出为什么，却用得很舒服。

（2）装企如何创新

①研究用户习惯。

研究用户怎样才能形成一个行为习惯，即"行为设计学"。美国斯坦福大学福格教授提出一个极简的"福格行为模型"，包括三点：动机、能力和触发。

动机，就是行动的意愿，就是我们常听到的痛点、爽点和痒点。

能力，就是行动的便捷性，就是"如丝般顺滑的用户体验"。

触发，就是行动的提示，比如拼多多就是通过降价提醒、助力提现、优惠券等，提高用户的打开频率。

根据"福格行为模型"，遇到难以戒断的事情，不要总是陷入"动机"的思维里，从"触发"和"能力"上也可以创新。

②产品创新思路。

产品创新一般有两种思路。一是以产品为中心的创新方式，把新产品卖给新客户。本质是把业务做宽，用不同的产品线覆盖不同的人群，它需要去拼营销资源。覆盖的人群越广，消耗的营销资源就会呈几何级增长。

二是以人为中心的创新方式，把新产品卖给老客户。本质是把业务做深，用不同的产品线，来满足同一批消费者在不同场景下的需求。这种创新方式拼的是洞察用户需求的能力，即能不能深入老用户的具体场景，挖掘出他们还没被满足的深层需求或者潜在需求。

针对不同人群，如老龄化、残障人士、婴幼儿等做适合的改造。例如为老年人设计产品时，不能只考虑产品本身的功能，还要洞察用户心理，否则就容易踩坑。专门做适老化改造的建筑师雷啸光曾这样改造产品：沙发垫子硬一点，座位底下要悬空，留出双脚后撤的空间，座椅两侧有扶手，便于老人起身时支撑身体，稳定重心；床边放拖鞋，通往卫生间的过道上安装感应型夜灯，便于老人起夜；马桶旁边加装一个L形扶手，配备一个专业浴凳，地上放防滑垫，便于老人坐着洗澡等。改造未必很多，但切实为老年人提供了便利。

③产品创新三要点。

a.用户要什么。

用户画像：把用户当人看，而非一堆标签。

需求场景：设计的不只是产品，而是"产品＋场景"的组合。

用户任务：用户要的不仅是产品，还要解决某些问题，完成某项任务，实现某种心理诉求。

价值验证：产品设计不能停留在功能层面，而要深入用户内心。

b.怎么做。

财务设计：怎么挣钱，怎么花钱。

业务设计：关键成功要素，关键业务，关键资源。

价值网规划：协同内部价值网与最大化调度外部价值网。

c.怎么赢。

市场定位：怎么定位切入。

增长设计：竞争优势要素是什么？优势构建策略是什么？如何构建

壁垒？

家装行业其实存在巨大供给问题，供给太差，客户的需求没有被很好地满足，或者说没有被彻底激活。现在的家装供给就像手机行业的山寨机时代。

其实，国内根本找不到一家"价格＋颜值＋功能＋质量＋售后"都做得好的设计公司。小而美的设计公司，可能有颜值，但没有规模，价格下不来；大的家装公司，标准化要多些，个性化不足，还伴随着其他各种各样的问题。

（3）装企常见创新方式

①分形创新。

在公司成长中，任何技术、产品、业务都会经历一个S曲线。然后在一个大的S曲线内部，会有无数多样性小的S曲线，这种结构称为分形。分形创新就是企业发展到一定体量之后，能否结构分形，一次又一次由内而外创新。

分形创新流程可以分成以下四个步骤。

a.夯实第一曲线，通过供应侧技术升级的方式，夯实主航道。

b.探索分形创新，基于原有的需求侧的业务，进行各种新兴业务的探索。通常用独立小机构，完成业务小闭环的方式来探索。

c.找到十倍速因素，寻找增长飞轮。业务一旦可以在小范围内闭环完成，投入足够的资源去市场里跟真正的对手竞争，这个时候竞争最好的方式就是破坏性创新，也就是克里斯坦森所说的颠覆式创新，找到一个十倍速的因素，用低端颠覆的方式去跟领先者竞争。

d.分形延伸成第二曲线，颠覆完成以后，把它变成新的主航道。这个时候公司有两个主航道：原有的第一曲线及新的第二曲线。这时对公司而言，无论从心智上、组织上，还是业务切割上，要能够破除非连续性。

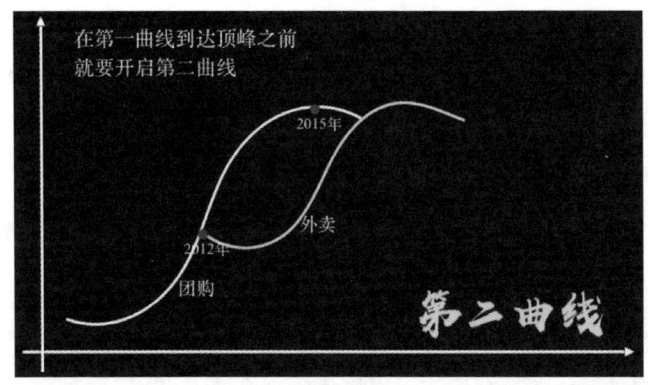

看一个案例。

美团的第一曲线统称到店，主营业务是到店、酒旅和旅游；第二曲线是从外卖延展出的到家。

第一步团购。

第二步团购升级为到店，夯实主航道，通过供给侧升级，赋能各店铺。

第三步分形探索。美团过去几年做了几十个、上百个分形探索，成功的分形探索包括猫眼电影、美团外卖、美团酒旅、美团优选、美团闪购、歪马送酒等。

第四步从分形中孵化出第二曲线。外卖夯实了到家业务，同时升级了供给侧，美团管理了自己平台700多万骑手、餐饮ERP，以及其他各种各样的平台、供应链等，在外卖这个主营业务中又开始了新业务分形，比如单车、网约车等。

为什么家装公司分形创新都失败了？

为什么很多知名的或产值过10亿元的家装公司曾经不断分形创新，推出建材超市、家居卖场、木作定制工厂、工装公司、独立设计公司、独立供应链公司、独立监理公司、软装公司、装修金融贷……但结果不但没有孵化出第二曲线，反而第一曲线的主业都危在旦夕，或已倒闭。

案例一：实创装饰2011年获得达晨创投、雷岩投资1亿元A轮融资，拿钱之后没处花，办了木作工厂，产能太大消化不了，又在全国开店，最后因环保政策导致工厂停产、工地延期，引发客户、厂家和工人挤兑潮……最终导致资金链断裂。

案例二：有住家装2015年699标准化家装还没打好基础，就不断推出更多新业务和新的尝试：2015年6月发布针对B端精装房产品的"ideahouse"，同年11月，推出"中心店＋社区店"的城市合伙人扩张模式；2016年4月，发布装修工人Uber模式派单应用"来活"；2017年3月发售装配式产品、首款"模块装修"整装产品——N-home……如今2C业务由无印良品家装取代，2B业务ideahouse升级为BBC模式。

案例三：靓家居从2001年做建材超市开始，到2008年推出套餐装修，再到2015年进行线上线下一体化及产业链整合，后推出互联网家装靓尚e家，以及装配式公司、软装公司、装修后市场公司等，结果一地鸡毛。

案例四：PINGO国际自2016年双11夺魁，2017年卫冕，之后胃口大增，推出供应链平台、装修后市场公司等，不断分形创新，为了上市，步子迈得太大，最后出了问题。

案例五：1996年，恰逢国家调整产业政策，陈辉与前妻杨劲于1997年共同创立了东易日盛。2014年2月，作为"家装第一股"，东易日盛在深交所挂牌上市。2018年、2021年，总营业收入均超过42亿元，此后营业收入如过山车般下滑，2024年4月被曝出子公司欠债、跑路舆情，同年5月深圳、北京、长沙等地的分公司继续传来关店消息……昔日的"家装第一股"正面临难关。

笔者总结了装企分形创新失败的原因。

一是主航道不稳，核心引擎不强。家装公司的核心业务是家装产品及服务，核心业务即第一曲线是否过了破局点？有的都没有。第一曲线在快速增长时是否夯实了主航道？也没有，即获客、设计、供应链或交付的综合或单一竞争力没有形成。另外第一曲线增长的核心引擎没有强化，有时装企自己都没搞明白，产品不够好，是因为对用户的洞察不够，自己的客群画像都不清晰，就开始想当然地推新品。

二是自下而上的变异没有，变异＋隔离＋选择的路径没走稳。装企的分形创新，独立业务还是自上而下由创始人或公司老板主导，导致项目负责人缺乏独立操盘的能力；有的业务没有隔离开，还是在公司的主营业务下成立独立部门来做，分得较少的资源发展；有的业务虽然是独立公司，但前期无法自我造血，需要输血，核心业务自身问题很多，导致供血不足。

这些装企主航道不稳定，没有核心引擎，再加上自上而下的创新和争抢主业资源发展，可想而知这些分形创新的结果必定失败。

②二分法创新。

定位之父杰克·特劳特认为，市场上最大的问题，不是你的产品有多好，而是你的产品和竞争对手的产品有多不同。产品创新可以采用二分法，进行错位竞争，即市场错位、需求错位、供给错位。

二分法创新在整装领域的应用可以参考以下几个例子。

例一，围绕整装的人群定位使用二分法创新：A是刚需型整装，B是改善型整装；B1是无恶意增项的改善型整装；B2是有大量增项的改善型整装。

例二，围绕整装的产品形态使用二分法创新：A是产品化整装，B是个性化整装；B1是品质个性化整装；B2是大众个性化整装。

例三，围绕整装的产品完成度使用二分法创新：A是"半拉子"整装，即所有非拎包入住式整装；B是拎包入住式整装，包含了硬装、全屋家具、定制家具、软装配饰、灯具、窗帘、电器等；B1是刚需型的拎包入住式整装；B2是品质型的拎包入住式整装。

例四，围绕整装的风格使用二分法创新：A是传统风格；B是现代风格；B1是现代简约风格，强调功能性和居住舒适性；B2是现代美学风格，强调艺术感和基调。

（4）积木家怎样做产品创新

①以用户为中心进行产品迭代。

一开始就解决装修业主要求便宜、方便、放心买材料的痛点。积木家的前身是我要装修网，2009年从建材团购起家，通过团购的形式帮业主用更低的价格买到更好的建材产品；后来业主需求升级，产品迭代为施工＋设计＋主材，我要装修网重新成立了一家公司，就是现在的"积木家"，把材料和设计施工整合在一起做标准化家装；之后继续升级，产品迭代为施工＋设计＋主材＋软装家具配饰。

②积木家的装修家规。

a.用户体验基础，好看。

邀请大咖设计师打造主流风格。设计层面从颜色搭配、线条造型、材质纹理等维度，追本溯源打造纯正风格体系；实施层面从材料供应、施工流程、工艺标准都参照标准规范，拒绝设计和施工"两张皮"，装修效果完全落地。收集业主房屋和家庭因素，根据具体信息适配业主装修风格。采用"先试装，再实装"的装修策略，确保用户提前看到落地效果，保证优化到满意为止。

b.用户体验核心，好用。

提出装修功能细分表，研究不同家庭成员对房屋装修的个性化需求，考察家庭房屋情况后，针对日常居住10大空间，20多个生活场景进行针对性功能设计，全屋300多个人性化功能布局方案。一方面满足入住短期功能，如梳妆区、工作区、休闲区；另一方面满足未来5～10年长期功能，承接居住需求变化，有了孩子得顾及活动及收纳，和老人一起住得顾及养老及休息。

c.用户体验过程，省心。

对用户来说，装修过程中无非有几个麻烦点，即材料品质、施工工艺、售后处理等，积木家将设计、材料、施工、售后整合于一体，搭建7对1管家式服务群，从产品讲解到方案设计、施工交付及验收入住全程跟踪服务，自动创建用户档案，线上线下相结合，实时播报服务进度。真正实现用户一站拎包入住，让用户省心。

d.用户体验结果，划算。

通过定两头，砍中间，设定低于行业均值的产品毛利率，不断优化费用结构，给用户真正的性价比。

降低经营成本：坚持小门店大规模经营模式，即展厅小、营业收入规模大。其次减少营销支出，不靠广告靠口碑，通过工地转介绍回单。

提高运营效率：建立采购体系、物流体系、仓储体系、销售体系，通过自采自销的模式，直接从材料厂家进货，中心仓库统一配送，无中间商，有效降低了材料成本。通过产业工人方式，统一培训、认证上岗、调度派单，效率更高，成本更低。

③产品战略：好的装修，其实不贵。

做大多数年轻人买得起的装修，在不创造用户价值的地方极度节俭，倒逼效率优势，把省下的钱通过有优势的价格还给用户。

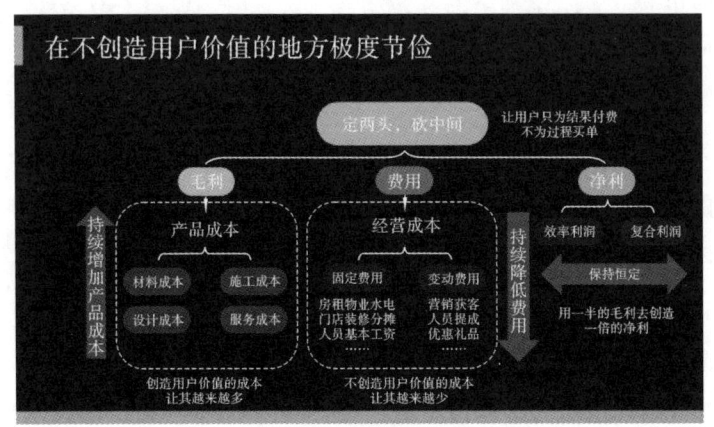

3.产品迭代的四个维度

（1）用户：你的目标用户是谁，TA和你有啥关系？

用户可以从多个维度进行划分，以家装用户消费层次为例，可分为五个层次（某核心新一线城市）。

①大宅别墅：面积为200～400平方米的经济型别墅或大平层，以及少量更大面积的豪宅，占5%，硬装消费在100万元以上，用户年龄在40岁以上，这类人装修消费单价高，要求高，服务成本也高。

②改善型住房：面积120～200平方米，占40%，硬装消费在20万元以上，装修需求以设计为导向，更看重风格，用户年龄在35岁以上，这类人个性化需求多，服务成本高。

③刚需型住房：分为刚需经济型住房和刚需品质型住房，面积为60～120平方米，占25%左右，硬装消费为10万～20万元，经济是装修导向，用户年龄为20～40岁，在个性化与性价比之间最终会选择性价比。这是刚需市场，也是目前整装切入的主要人群。

④过渡型住房：面积在80平方米以下，占15%，装修消费为6万～10万元，用户年龄在30岁以上，个性化很多，服务成本高，属于标准化家装的鸡肋市场。

⑤回迁房：农转非，面积不限，占15%左右，施工费为2万元，4万元的材料、家具软装费用，大概6万元全包，以价格为导向，产品不环保，主要用于出租，是"装修游击队"（没有团队,没有组织领导,没有固定办公的场所,一个或者两个人单独施工的装修从业人员）和简装公司的主要市场。

（2）产品

①市场洞察。

a.需求侧。用户的装修痛点有两个：一是不确定性，包括设计落地不能一比一还原、施工交付质量不及预期、超预算等问题；二是信任（能力和态度）问题，家装是家庭消费里最复杂的产品，家装产品同质化严重，用户不知道找谁来服务。

装修消费新常态是更注重价值和体验，用户的个性化需求真实存在，随着用户年轻化，需求分层分散，容易因价格变化和差异性服务导致客群迁移。

b.供给侧。用户装修房子要的是产品还是服务？笔者认为要的是装好房子的良好体验。从用户端来看是体验，但供给端的产品力＋组织力是保障。家装交付周期长、流程复杂，非标准化作业、监管困难等因素导致交付品质具有较大不确定性，即便验收通过，用户入住后一些隐蔽问题难免暴露出来。售后如果处理得不好，用户体验就很差。售后不能给装企带来直接收益，还会增加成本，压缩利润空间，很多规模不大的装企人力及资源被售后服务占用，降低了经营效率。

所以标准化体系的建立、执行和系统性能力建设是大势所趋，未来家装行业会降低对人的依赖，设计、施工、交付、售后保障等的标准化、确定性及稳定性增加，家装从以营销驱动转变为以人为本的产品驱动和运营驱动，做大价值，坚持为用户提供具有长期价值的产品，可能是未来的主流。

②重新定义产品。

从需求侧看，家装产品要好看（颜值和风格）、好用（功能，如收纳）、好值（质价比高）、好质量（产品和施工质量）、好保障（售后）。

从供给侧看，要让用户容易选择装修公司、便于方案决策、做好预算控制、保证施工保量、准时完工、投诉解决快。

家装行业的最大难点就是不管是从需求侧出发还是从供给侧定义都得满足用户需求，所有环节都得做好。

③产品本身就是流量。

好产品的核心是解决用户隐藏的重要需求，设计好它的自传播点会自带流量。一款好产品往往把复杂留给自己，把简单留给用户，如产品化整装以极高性价比和确定性方案一站式满足用户装修需求。

（3）场景

场景是什么？场景是引导用户决策的过程，让用户自娱自乐，能触发用户情绪，也是具有一定社交氛围的流量入口。

很多时候，你在消费产品的同时也在消费场景。例如吃饭，早餐怎么吃？自己随便对付一下？还是摆盘、拍照晒朋友圈？午饭怎么吃？自己一边追剧一边吃？几个同事一起叫外卖，边吃边聊？约好出去吃，AA结账？请别人吃或别人请你吃？情侣约会一起吃？这些都是不同的场景，所产生的消费也是完全不同的。

装企搭建一个场景，让用户停留在搭建的场景里，获得一个浓缩的、尽兴的瞬间，然后被周围的意见裹挟，被引导，最后完成消费。梁宁老师说，产品逻辑必须考虑使用场景，场景本身就是产品的一部分，而用户也只会在场景里存在。

部品及装企场景案例如下。

案例一：爱空间北京四环店，面积大概为一万平方米，布满了绿植，而且第一层最黄金的区域都是互动区、交流区、体验区，是孩子玩的地方，以及花艺展示的地方，几乎没有陈列商品。第二层是传统意义上的材料选择区，这里有大量的设计师洽谈空间以及他们定义的书空间，用户可以在这里读书或喝咖啡。第三层一共布置了7个全景式样板间，还原了用户家生活的样子，不按面积卖，一房一价，客户有的照办，有的按自己的想法做，未来就是场景化零售＋全案方式。

案例二：公牛有100万个终端，从2C往2B转变比较成功。场景化的产品会说话，如床头带USB充电插座、轨道式插座、防雨淋插座、一转多转换器等，不同类型的产品立足于不同的使用场景。小米跨界竞争之后，公牛迅速开发出"魔方系列插座""防过充系列"等新品，产品逐步走向高颜值、个性化、智能化。

（4）效率

关于效率，从外部看是企业和用户如何通过高效精准的连接得到有效反馈；从内部看是企业如何通过内部的高效组织发挥效能，在竞争中领先同行。如比亚迪新能源汽车的价格竞争，看上去是新能源汽车的竞争，但实际上是背后的效率之争。比亚迪展现的至少是两个方面的效率：一个是比亚迪的组织效率；另一个是比亚迪的产业链效率。存量甚至缩量时代装企的竞争维度也是效率，即如何减少损耗，降低费用率。当装企准备搭建自己的系统时，得先问自己"我应该从哪个点来建立我的效率优势？"如果系统没有效率优势，就是一个没有竞争力的系统。

4.产品竞争策略

先看一个案例：

英国老牌企业企鹅出版社，诞生于1935年，现在是世界上最大的大众图书出版集团。它成功的关键在于把当时昂贵的书做便宜了，但没有降低书在人们心中的高级感。

企鹅只做平装书。在当时，平装书等于垃圾书，精装书是奢侈品，上流社会才能消费得起。处于社会底层的人对书籍同样有需求，但平装书利润低，没人愿意做。企鹅通过给自己的书打上标签，内容坚持选择名家经典，以这种方式让普通人也能消费得起，赋予了平装书新的价值感。

最先做"低端产品"的企鹅出版社，内容精选，包装区别，给人以权威的认同感；内容分类，颜色区别，给人以群体的归属感；版本单一，一视同仁，给人以平等的地位感。

技术创新不一定是发明全新的技术，给一项旧技术找到新的应用场景，同样是创新。如果一款产品只停留在"工具"层面，它就很容易被复制。只有当它从"工具"属性进化到"社交"属性甚至"基建"属性，从

"单机游戏"变成"网络游戏"，从"个人网络安全"变成"国家网络安全"，"独乐乐不如众乐乐"，这才是真正的竞争壁垒。

（1）低端颠覆

人和货哪个更重要？答案是人。阿里巴巴是人货匹配，最重要的因素是人找货。拼多多是货找人，人是核心，让货来找人。流量逻辑是搜索，人的逻辑是推荐，所有逻辑的背后都是帮助你筛选。

黄铮说，"我们要做的是匹配，让合适的人在合适的场景下买到合适的东西"。你可以把今日头条下的信息流换成货品流，就是现在的拼多多，推荐到最后它比你更知道你要什么。人工智能越训练到最后，它的力量越大。拼多多实际上是一种错位适配的低端颠覆，那么家装行业存在低端颠覆的机会吗？

"低端颠覆"的前提如下：技术进步的速度超过市场需求的速度；产品性能过度；存在未被满足的需求；用户需要价格更低、性能更简单、更方便消费使用的商品。目前来看，家装行业技术的发展速度没有超过大众市场需求增长的速度，性能（品质）还没有过度，低端大众市场人群的装修需求由"装修游击队"供给，材料和家具需求由X线品牌、杂牌供给，低端颠覆的机会不成熟。一些装企对用户真实生活场景的理解还不够，尤其是针对中低端市场，有些该注意的设计细节被忽略，这并不是成本的问题，而是卖材料思维导致的自发性简化处理。

笔者认为家装低端颠覆可以从这两步考虑：

第一步，推出高性价比的装修套餐服务，由于材料品牌优势、性价比高，有较好的服务体验，在三四五线城市有一定的竞争力。

第二步，必须完成右上角迁移力，对流量、供应链、施工交付有较大提升，构建竞争力。

通过横轴效率、纵轴用户体验来看家装行业：高效率、高体验在家装行业还没有；高效率、低体验的服务不存在；低效率、高体验是一些做中高端客户的装企，或是设计师品牌，效率不高，但体验较好，毛利率较高；行业内现有家装企业基本是低效率、低体验。

（2）战略杠杆

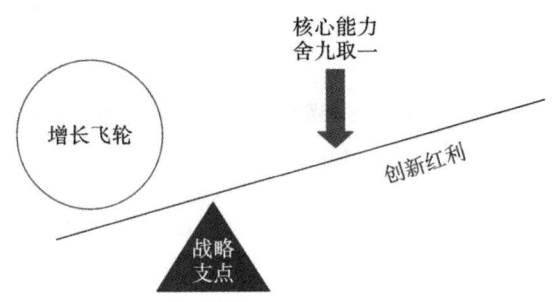

战略，"战"是占领，是要得到什么；"略"是省略，是要舍弃什么。战略杠杆是通过杠杆来放大企业能力，基本模型可以被可视化为上图。图中的横杆、圆圈、三角和箭头分别代表着战略杠杆四要素：

①横杆是杠杆本身，它的基础是创新红利，即能否抓住红利让杠杆产生倍速变化，为我所用；

②向下压的箭头代表核心能力，即能否舍九取一，打造最关键的压杠杆的力；

③圆圈代表增长飞轮，即能否设计出一个合适的正反馈指标；

④三角代表战略支点，它是不变的。

九根藤是怎样运用战略杠杆的？

其以产品化整装定位服务下沉市场的刚需经济型（品质型）客户，打造高性价比＋高颜价比产品，自带流量和转化；通过产品化整装的标准化输出能力为渠道商长效赋能，渠道商越多，产品卖得越多；最后对供应链形成更高溢价空间，产品性价比＋颜价比优势更进一步增强，用价格击穿市场，这就形成了一个正向的增长飞轮。

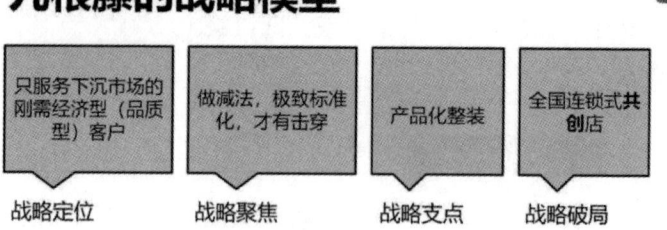

（3）三级火箭

三级火箭，是指通过不断制造势能，自己把自己推起来的商业模式。装修产品类似三级火箭的模式。

第一级，搭建高频头部流量。免费上门量房，免费设计、出方案等。

第二级，沉淀用户的商业场景。用私域运营的VIP体系来沉淀用户，打造有温度、有文化属性的社群。

第三级，完成商业闭环。通过价值做大、户均做高、价格做优，完成商业闭环。

（4）三高三低

叶国富认为，今天的品牌打法是通过极高性价比产生海量的用户，通过海量的用户形成口碑营销，有了口碑传播，最后建立品牌。过去以渠道为中心，现在以产品为中心。未来对于大部分的企业来讲，要打造极高的性价比，背后是整体效率的提升。如何打造极高的性价比？可以简单总结为"三高三低"，即"高颜值、高品质、高效率""低成本、低毛利率、低价格"。

①高效率、低成本。低成本必须建立在高效率的基础上，装企可以通过爆品战略，单点击穿；缩短渠道，提高效率，降低成本。如积木家为提高效率，加速产品周转，通过建仓（规模采购）、信息化等手段实现定两

头，砍中间，挣效率利润的钱。

②低毛利率、低价格。这类装企聚焦目标用户，薄利多销，如长沙的无印优装做出租房市场，以价换量。严控成本，通过商业模式不断创新，提高利润率，如长沙新浪以硬装为入口，可以少挣钱甚至不挣钱，去挣定制的钱。

5.产品如何定价

（1）三种定价策略

①高性价比。

2015年互联网家装浪潮时，爱空间推出699元/平方米套餐，此后蘑菇装修推出599元/平方米套餐，搜房网推出666元/平方米套餐，美家帮推出777元/平方米套餐。X99、666、777等都是打高性价比，此时不成熟套餐包崛起，虽然在一定程度上解决了设计师吃材料回扣和增项的问题，但过于简单的标准化牺牲了用户的选择权，为后面的坑埋下了伏笔。所以高性价比定价一定是基于品牌价值及能力基础，围绕定位群体做价值交付的策略。

②单点击穿，做爆款。

实创装饰在2015年对标爱空间699元/平方米套餐推出688元/平方米套餐，性价比更高，卖得好；但后端运营还是按传统的方式进行，导致损耗大，交付能力跟不上等，最终爆款就只是昙花一现。只有规模交付的大闭环能为营销签单的小闭环兜底，营销再发力，口碑形成正循环，才能行稳致远。

③独特价值。

设计师工作室报价、设计师IP溢价、工长IP溢价或服务体验溢价。如有工人三四年前开始在短视频平台每天在工地现场直播两小时，直播时在线观看人数有600多人，积累了3.6万粉丝。他的工价从每平方米12～

15元涨到200多元，带了20多个人，自己供应辅料，施工水平不错，用户也愿意排队。

（2）报价方式

报价方式主要有以下三类。

①分项加总：个性化模式，按项目报价，各环节的材料、施工和设计费加总即可。

②平方米套餐：标准化模式，按平方米报价，先定价格再选配置，简单高效，总体可控。

③空间集成：产品化模式，按空间报价，大小分级别，可选配，和买车一样买装修服务。

以上三种报价方式各有利弊，重要的还是装企提供的产品和服务值不值那个价。

二、家装产品设计价值的回归

1.产品设计原则与MVP验证

质量管理专家林雪萍老师认为：中国制造业有一个根深蒂固的误区，就是总把质量归结于工匠精神。其实，工匠精神并不能保证质量，甚至不是质量的关键。因为说到底，工匠精神是工作态度问题，而质量控制是工程学问题。

对质量管理来说，价值最高的就是上游，产品的设计决定了产品的基本质量和可靠水平。

（1）产品设计是一个生命系统

产品是一个生命系统，它拥有两大属性，一是自然属性，二是社会属性。产品的自然属性是社会属性的载体。

如近年来较火的智能健身镜，走的是"智能硬件＋AI软件＋内容服务"模式。激烈竞争下，单有内容或者单有硬件都不足以成功，"硬件＋软件＋内容"的三位一体模式才能占领用户心智。它的社会生命会随着人的需求不断演变，只要能满足人的总体需求，它就可以一直存在。

产品设计要从两个角度考虑：第一，从社会考虑产品生命周期；第二，从总体考虑，而不是某个个体。

（2）产品与用户关系

产品与用户不是二元对立的，而是互相作用的统一体，这里的用户不是自然人，而是需求的总体结合。基于家装用户真实场景下的需求洞察，才是产品原创力的来源，考虑用户对装修的功能性需求和精神层面需求。

打造产品原创力要坚持六大设计原则：

与众不同：差异化才是产品存在的理由；

解决问题：产品本质上是提供问题的解决方案；

同理心：打动自己才能感动别人；

极致思维：超出预期，突破极限；

创造主义：创造顾客价值是信仰；

长期主义：不为当下的变化迷惑。

产品设计的八个关键点：差异点设计、功能点设计、场景化设计、用户体验设计、敏感点设计、可视化设计、美学感设计、情绪设计。

（3）MVP验证，小步快跑迭代产品

产品设计的MVP验证，即尽可能快地构建出一个可运行的产品原型，以最小的资源投入获取最大的市场反馈。产品创造时极简，要具备不断进化的可能性，在不断进化中完善产品功能。小步快迭代，而非憋大招。小到家装产品，大到行业发展，都是迭代的结果，要以进化的思想来持续迭代。

每笔家装消费的背后是人，不是材料的堆砌，和光有颜值的设计相比，居住之后是否便利、愉悦和舒心才是最重要的。现在许多家装设计从销售签单出发，不切实考虑用户的真实生活场景和体验。这类设计师不是卖设计，而是卖材料、拿返点。针对此类现象，一些标准化的面向中低端消费人群的装修产品就一定程度规避了这个问题，解决了消费不透明和不当利益链的输送问题。

客户选择一款硬装或整装产品都会从五个方面入手：价格、颜值、功能、质量和保障。不同消费人群对这五个方面的排序是不一样的。比如首套房刚需装修客户的价值点排序一般是价格＞功能＞质量＞保障＞颜值。如果区域不同、客户年龄不同、行业不同，仍然会存在差异。改善型装修客户的价值点排序一般是颜值（或功能）＞功能（或颜值）＞质量＞保障＞价格。

所以在产品设计研发时一定要找准细分客群，不同价值点的排序要明了。我们可以从内外部来分析：内部从公司资源和能力入手，什么能做，什么做不了；外部要看竞争情况，有没有力度弱的低密度竞争区。然后再结合细分客群的真实需求去尝试。比如用户注重性价比，那么就不要在好看与不好看上纠结，这个本身就很主观。

2.产品设计体系构建

（1）外观设计——多种风格选择，场景整体呈现

家装设计主要风格：现代简约、轻奢优雅、中式传统、日式温馨、欧式浪漫、美式乡村、法式精致……

展厅的仓储美学可以将部品多方位、多角度地进行展示，凸显部品的美学、功能等效果，如宜家的沉浸式体验。

（2）功能设计——空间布局及部品配套

在适老化改造上，今朝装饰为满足老人居住的安全、便利、舒适三大基本需求，在整体功能设计上总结了九个设计原则，即"四通一平、两多

两匀"。"四通一平"是指视线通、声音通、路径通、空气通、地面平，"两多两匀"是指储藏多、台面多、光线匀、温度匀。而智能化系统如电动升降橱柜、智能烟灶等需要让老人易懂、易分辨、易操作。

深圳优舍关永康认为以前是"创意样板房"，现在变成了"情景样板房"，要以工业设计为底层的住宅架构逻辑，最终实现的是设计模数化、部品模块化、空间标准化、施工装配化，让住宅产品千变万化。从人的体验、感受、状态出发，通过模数协调，从内到外，确定住宅产品"互嵌"的尺度依据。

如柜子里面要藏冰箱，室内空间要藏家具等，具体步骤如下：第一，制定模数原则，统一建筑、内装、部品、设计的模数原则及模数耦合关系；第二，确定标准模块化部品，建材、家具、电器等功能与规格；第三，确定区域标准户型和标准平面层；第四，落地项目户型微调；第五，推演标准功能空间，完成各个空间所有施工工法及成本分析。

第三空间功能设计，即根据用户的需求变化，针对性配套空间设计，如爱空间从"装修时代"步入"装家时代"的核心是从关注物到关注人，为用户打造更好住的家。比如用户喜欢健身、瑜伽、棋牌、电竞、影音、储物等，基于用户兴趣为其打造个性化第三空间。

（3）结构设计——产品三部曲

基础硬装设计，是家装中涉及建筑和结构改动的一部分，包括地面、墙面、屋顶、水电、木工、油漆这几块的设计。

全屋定制的演变，1.0版本的关键在于"整"，不管好不好看，先"凑齐"再说。2.0版本追求空间整体解决的能力，即根据不同人群的生活需求，讲究整体空间布局、功能规划及效果搭配，包括一体化定制、一体化设计、一体化交付及一体化服务。3.0版本围绕用户量身打造，满足用户的个性化需求。

聚焦用户的实际使用需求，围绕"人"的产品功能体验，关注核心居住者的使用需求，用专属化的产品解决方案进行个性升级。如套餐之内的油烟机、灶具是基础款，可选择套餐之外的升级款。

3.解放设计师

（1）设计前置

传统装企大多没有产品研发部，样板间也不是标准化产品。客户上门后，不能尽快确定方案效果和详细报价，始终都不放心，做决策就会犹豫很久，多个公司反复对比；设计师为了签单，将大量的时间花费在客户需求沟通、方案细节调整和价格谈判上，有时一个订单甚至会跟几个月，人效很低。

解放设计师、提升人效的办法就是设计前置。装企设立产品研发部，针对目标客户核心诉求做研发，在功能实现的基础上，用整体风格的一致性去调和户型面积及定制差异。这样不仅能体现出设计研发人员的价值，同时还能给用户更多的确定性，签单转化率和人效会更高。

设计前置的核心是整装一体化设计能力，不能是简单地组货，要体现出产品完整性和特色，而且要能不断迭代，因此对设计师的专业要求更高。设计最终能否落地还得看BIM的分解和供应链匹配。

目前产品化整装通过数字化的云设计大都能做到设计前置，大宅别墅得先满足用户需求，所以更偏向于个性化设计，不适用设计前置。

（2）内部设计资源从分散到集中

建立专门的设计部门或团队，负责集中管理和协调各个设计资源。建立设计资源共享平台，企业内的设计师可以在平台上分享和交流设计经验、案例和素材资源，通过共享平台实现设计资源的集中整合及利用。制定统一的设计标准和流程，确保设计师遵循一致的规范和要求。标准化和流程化可以提高设计资源的集中度和效率，减少重复劳动。

（3）外部设计资源接入

家装企业可以与外部设计机构或优秀设计师建立合作关系，通过设计师交流平台引进更多的设计资源。将设计方案拆解，通过设计类平台将任务下发，指定时间完成且对被采用的方案给予相应报酬，也可与其他装企建立品牌合作关系，共享设计资源，共同研发产品和设计方案等。

（4）AI在产品设计领域的应用

AICG首先可以帮助设计师提升出图效率和效果，如根据线稿、简单的设计手稿、概念草图等快速生成各种风格的方案，其次能够分析大量的设计风格、趋势和元素，为设计师提供创新的设计灵感，最后能根据用户偏好推荐颜色搭配及材料，快速生成个性化的设计方案。

如AI与CAD设计、建模程序相结合，生成家居空间动态场景，AI与虚拟现实（VR）和增强现实（AR）相结合，为用户提供沉浸式的设计体验，用户可以和设计师实时互动，设计师根据其需求快速迭代优化设计方案，市面上的第三方软件酷家乐、三维家都有AI设计功能。

三、部品供应链策略

1.装企对部品、材料商的诉求

企业实力和供应链稳定性是合作的基础，以材料来分，主要是主材、辅材、定制。主材基本全国统一，主要参考指牌率（指牌率是指主材品牌在行业的知名度及用户对产品的认知程度），优先选择占比高的部品材料商；辅材属于区域性的，通常是集成配送，虽然也有指牌率，但不高，不同地区用户喜好不同，要根据匹配度选择辅材品牌；定制类容易形成壁垒，客单值高，需要了解其上下游产业、设备以及供应链稳定性，其涉及服务属性较多。

此外装企对部品及材料商的核心诉求主要在于产品、价格、交付三方面，其实这也是用户对装企的诉求。

诉求一：产品放心，稳定可靠

产品品质放心，稳定可靠是根本。那高品质怎么来的呢？找对供应商，开发好产品。具体如何做呢？绝招是：一把手、用钱砸、下大单、给现金。当然，最后一步还要装企自己来把关。

如苹果公司，其似乎只管设计、营销及供应链，剩下的全交给代工厂。实际上苹果公司深度参与并主导整个制造环节，如电脑键盘，苹果公司的加工图纸都会明确标注几十处测量位和标定要求，代工厂根本无法糊弄。如果想要把制造环节外包，必须比代工厂更懂得怎么制造。

质量专家林雪萍认为，想要做好供应链管理，你不能只是一个"采购专家"，你必须首先是一个"制造专家"。

诉求二：价格舒心，性价比高

业之峰张均希望法恩莎卫浴、箭牌家居能够推出爆款，和全包圆合作推出工程款式，赚取生产制造的钱就可以了，不要去赚服务费。自认为全包圆在北京很成功，消费者应该花更经济的钱买更高品质的产品。

不可否认总体下来更划算，有更高溢价仍是打动装企的重要因素之一。装企当然希望价格舒心，性价比高。另外还能借助厂商资源节省一定的采购及营销费用支出，在存量竞争中维持毛利率，为高质量发展转型争取资源和时间。

诉求三：交付省心，售后无忧

大自然家居鹿小军认为代理商很难被替代，另外材料商和代理商是一起成长的，你不能一脚将它踢开单独和装企合作。代理商不好逾越，要分利，F2C没有服务怎么保证落地？装企说自己干，但有几个干好的？

这是事实，也是许多装企会遇到的问题。交付始终是影响装企口碑的关键，装企自然希望部品、材料商企业可以在落地服务环节提供不限于设计赋能、活动支持、销售培训、配送上门、售后质保等服务，而这部分服务，可以由代理商来提供。

2.部品企业供应策略

装企渠道未来的零售价值应从两方面看：一是一站式满足用户需求，如整装，但随着客群的定位越高则个性化越强，呈现方式可能是个性化设计＋标准化施工＋场景零售；二是装企渠道零售价值较大的产品是TOC品牌，但过度依赖于门店的体验，营销、展厅和人工成本居高不下，导致出厂价和零售价差距过大，这类产品会率先在家装渠道快速增长。

（1）主材——瓷砖、地板、洁具、吊顶等

案例一：2020年德尔推出"护卫舰"模式，为装企伙伴提供"零顾虑"交付保障体系，即通过战略变革、设计先行、能力重构，在产品研发、生产制造、落地服务和组织保障等方面为家装公司保驾护航。2021年在"护卫舰"模式的基础上推出五星交付保障体系，即以用户为中心，在产品、业务、订单、配送、安装五个方面形成合力，打造完美交付。2022年推出相融共创模式，通过服务、产品、活动共创等方式与装企深度合作，积极响应用户需求。其中"一城一库一商"提供最后1公里服务落地保障，依托德尔数字化系统的"橙彩"智慧服务将地板安装全过程可视化展示给用户。

案例二：贝朗卫浴TOB渠道模式分为经销售模式＋直营。经销售模式主要是家装渠道（圣都B2B2C）、大商服务渠道（以前的工程渠道）、综合经销渠道（开200平方米以上店面，可承接工程、家装渠道）。

（2）辅材——涂料、电线、水管、插板/开关等

案例一：伟星以用户思维分析，提出了防排一体化解决方案，打造差异化竞争优势赋能装企。首创"星管家"服务，自主开发"星管家服务平台"，通过装企开发策略模型，以品牌引领、组织支持、服务加持、产品

组合、系统赋能等立体化协同赋能支持装企发展。在核心一二线城市跟装企合作是做直营。未来鼓励当地经销商和装企进行合作，系统交付则由星管家提供保障。

案例二：公牛2015—2016年进入家装领域，依托经销商体系来做家装渠道。2022年确立TOC、TOB两大营销体系，其中TOC渠道包括五金渠道、装饰渠道、数码渠道，TOB渠道为头部房企和知名装企。公牛一条产品线就是一个事业部，如开关面板等，一开始转家装并不顺利，在2023年才开始逆转颓势。合作模式分为两类：①全国战略家装板块，总部和全国知名头部装企直接谈判，谈好后由经销商落地；②区域业务，先全国大面积试点，针对落地能力强且成功的经销商复盘总结，将其打造成市场样板，最后进行全国复制迭代。

（3）定制——橱柜、衣柜、门等

案例一：欧派与装企合作，定位平等合作而非材料商，合作模式为"ABC模式"：①传统的供货商A模式，欧派各地经销商和当地装企合作，将欧派当地经销商的优势和当地装企的优势结合起来，如与北京业之峰、沈阳方林的合作；②经销商转为服务商的B模式，总部和当地经销商、装企签订三方协议达成合作，总部直接跟装企对接，负责前端销售成交，当地的经销商负责成交之后的整个设计、安装、售后等；③大客户C模式，与当地多家装企直接签订合作，总部直供，但会要求开店，当地装企类似家电行业KA渠道。

案例二：TATA总部和创艺签约，通过当地供应商做服务，总部和供应商结算。部分城市是当地供应商直接出货服务，TATA一体化服务，测量、安装和保洁等都做得很好，省心。

案例三：早在2015年千年舟就推出了全屋易装服务，即通过材料、设计、加工、安装、团购、换新的六大服务模块，提供全线路易装服务及标准化部件、解决方案的个性化打造，逐渐实现与家装公司的供应匹配及合作共赢。近两年推出定位于全屋定制收纳专家的"收纳刻"品牌，通过全域导流加本地服务及区域供应的新零售模式，从门店销售到打通全渠道。千年舟全国拥有超3000家网点"服务站"，其以标准化服务，多维立体覆盖B端及C端客户，实现用户互动体验"零距离"。为实现一站式服务体系，其积极打造线上数字化仓储、物流、配送、设计、安装等综合性建材家居数字化平台。通过五星无忧服务即五心顾问、星级勘测、智慧配装、售后无忧、四季关怀做好装企配套服务，以战略合作、品牌联盟、服务导入等为家装渠道从辅材到定制的全系进行合作赋能。

（4）家具——床、沙发、茶几、书柜、餐桌等成品家具

案例：顾家星选是这两年在装企渠道投入最大的部品企业之一，其本身在零售方面比较强，于是基于零售一些好的方式方法场景做了系统性的整体输出方案设计，通过酷家乐（包括签单）为装企做赋能。

顾家星选与装企合作有四种做法。①总部直签。装企自身承担设计、销售转化和仓配服务的职能，总部以最低价格供货。②第三方合作的总部直签。由经销商派驻导购提供销售的支持与赋能，同时经销商全部承担仓配服务，并接受合作装企和总部考评。这一类头部的家装公司有量，但是没有做过家居软装的配合，由经销商进行承接是起一个过渡作用。③经销商完全合作。这类一般属于腰部装企，或者尾部装企量不是很大，由经销商去承接。对装企服务商的合作，总部开发专业的装修服务商来对接装企。④赋能装企。优展示，展厅通过选品、动线、物料、工具定位等给装企做整个展示的赋能；强运营，运营系统帮扶，如盈利模型、成控推演、团队打造、薪酬设计、一城一策、落地打造；抓培训，销售端和设计端；帮活动，开业12大模块活动；重抓包，打造软装专业服务能力、独立引流、销售能力；增流量，打造十大流量矩阵，新媒体立体打造。

（5）软装——床垫、窗帘、地毯、装饰画等

案例：基于用户画像，中深爱的VIV针对装企渠道推荐3个系列床垫

产品。①签单赠送款，品质中等，性价比高，相对于动辄2000元以上的获客成本，装企赠送床垫实际支出的费用要少很多。②整装配套款，压缩卷包发货，不用担心电梯进不去的问题，提高配送效率和装修体验。③零售高附加值款，睡眠屋体验＋高价值产品零售，场景化零售体验更好，能为装企带来一定的销售利润。VIV也在设法提供枕头、软床、智能床等相关品类的解决方案，为不同规模和类型的装企提供匹配的解决方案。通过销售培训支持、品牌宣传设计支持、一件代发服务等为装企赋能。

（6）家电——灶具、热水器、冰箱、洗衣机、电视、空调等

案例一：2022年，方太家装渠道销售额30多亿元，主要分为三个板块，即战略销售、区域合作、设计师。战略销售板块，以定制为主的维尚、博洛尼等，成品家具如全友家居，再就是家装头部集采和地采；区域合作板块，大型家装公司如圣都是总经理对总经理谈，强约束合作，即将产品、价格等约束好，再把目标拆解到分公司；设计师板块，全国有400万设计师，方太库注册有10万人，活跃的有3万人。对设计师进行认证和考核，让设计师跟单，带设计师游学。

案例二：火星人集成灶家装渠道有专款产品，并针对全案零售客户展厅优先共享线下专卖店产品。集成灶价值感比传统分体两件套强，适用于整包套餐类客户厨电买赠，且更有助于装企签单转化，使用集成灶省去1米台面及下柜，也适合做不用门的开放式厨房，因此大大降低了装企的产品成本。而针对全案零售装企客户，产品推高卖新，大力发展渠道新零售业务，助力装企提升装修客单值，并增加厨电配套销售利润。经销商希望有量但不想有风险，不愿意垫资，所以火星人总部负责全国头部客户的统谈、统签、统结、统配，安装由经销商来做，业务算经销商的，利益链打通了，经销商很乐于服务。经销商想要订单多，就得帮装企做店面运营、转化等服务。

　　火星人在处理整装和零售，以及公司、家装渠道与经销商的关系上佐证了笔者的一些判断——坚持用户价值，并平衡好各方利益关系，而一开始企业愿意短期受损，才能让自己与利益相关方的合作更通畅。

　　总之，部品企业及材料商跟装企合作无非是进场费、账期和各种支持，即服务差异化，价格优势，以及特殊政策支持等。

第四章
装企组织力的进化

一、组织与组织力

1.什么是组织

组织（企业组织）是人以不同方式组合起来的，为一特定目标而存在。

组织三要素为组织目标、组织成员和组织结构。组织目标是组织存在的意义，也是持续牵引组织成长的动力；组织成员是构成组织的基础；组织结构是组织成员的连接方式，是"组织能力大于个人能力之和"的关键。

2.什么是组织力

组织力是基于共同价值观和行为规范的分利、晋升、成长和实现自我价值的体系。

装企实现组织力于取决于两方面，一是组织成员个体的能力，二是组织成员的趋同性，即是不是朝着一个目标走？是否协同一致？为减少组织内耗，充分发挥组织个体的能力，就需要通过制度进行约束，通过文化求同存异，还要不断回头审视组织是否臃肿，及时精简，实现组织力的最大化。

（1）零售及餐饮行业的组织建设

案例一：海底捞的组织力

张勇的原话是，把员工当亲人看，把顾客当上帝看，相信员工，相信顾客。当然不能光有口号，还要有激励和培养的体系，让人才和价值观形成往复循环，维系信用飞轮。那海底捞是如何让5万员工做好服务的？它的组织和价值观，是如何显性化到制度里的？

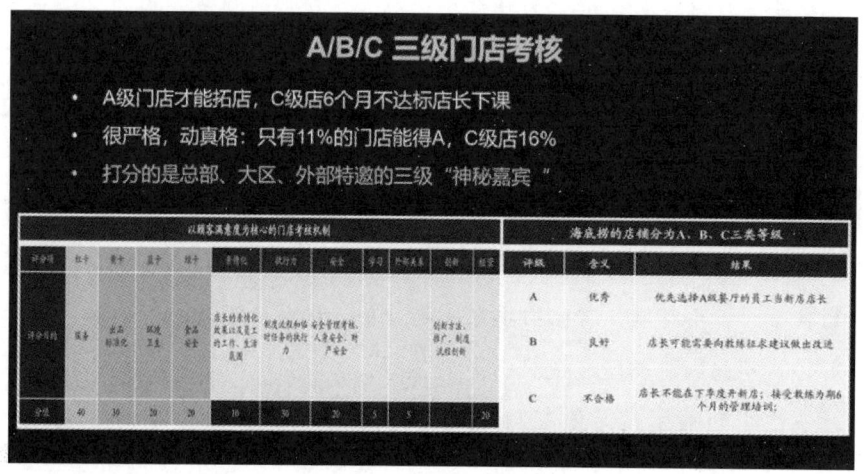

海底捞的制度设计框架里，右边是连住利益，左边是锁住管理，每一边都由明确的制度维系。①ABC三级门店考核制度，就是好中差考评。得A的店才占11％，得C的比得A的还多，占到16％。得C意味6个月整改，期限内达不到要求的话，店长就要下课，整个店所有员工也没有晋升的机会。打分的是总部、大区、外部特邀的三级"神秘嘉宾"，普通顾客在海底捞APP上都可以申请当神秘嘉宾。②晋升。海底捞没有空降的店长，店长从基层服务员开始干起，10个岗位里面至少轮过7个或者8个，才能成为后备店长。指标很重要，但海底捞是用人的逻辑解决制度问题，即亲情化，用攻心思路解决标准化和组织管理激励等问题。

案例二：京东的执行力

从"形"的方面来看，为了提高组织效率，京东有14条铁律，重点看以下两个。

第一：333原则。即京东内部所有的会议要求不超过3页PPT，会议时间控制在30分钟以内，大型决策会议除外，同样的一个话题不要超过三次决策，到第三次决策的时候就上升一级汇报。

第二：nono原则。第1个no，其他部门的业务和你相关，找到你的部门，你就不应该轻易说no。为什么企业越大，协同性越差？因为大家把事情往外推，在京东物流不允许。第2个no，凡是和客户体验相关的都不能轻易说no。比如，京东快递员送货上门，这个流程不可以省略，送货上门是黄金原则。与客户体验相关的事情，都不轻易改。

从"神"的方面来看，就是让员工有归属感、荣誉感、认同感。很多快递员、仓储同事都是外地的，如果春节值班无法回家，京东就给这些员工的孩子几千块补贴，将他们接来一起过年，说到底还是以人为本。

（2）不同组织类型装企简析

圣都早期采用"诸侯制"，组织权力下放，适用于前期的"攻城略地"、打江山阶段，但到了后期，弊端显露出来了，越扩张越可能失控，如供应链比较分散，各分公司有较大自主权，守旧内部不好创新，且形成太多小山头，只顾自己经营单元的利益，有了内耗，对交付损害较大，收益减少，或增项，或成为其他部门的替罪羊，就会阻碍企业可持续经营。2017年到2019年圣都组织模式迭代，将子公司变成分公司，原先的独立法人成了集团股东，利益一致，减少了内耗，之后形成了集团管控加事业部制，全集团有200多个事业部，每个事业部只有一把手而无副手，组织扁平化，减少冗余流程，这是一个类似阿米巴模式的裂变组织模式，而强大的内部管控体系让组织生长更有弹性。

住范儿也借鉴了阿米巴模式，以小组制将交付和服务团队结合，主要角色包括区域经理、设计经理、交付经理等，负责具体的项目。每一个用户群设置一名用户体验专员负责记录异常客情，督促小组成员及时解决用户问题。损益一致减少了各岗位之间的推诿扯皮，但对组织管理要求较高。

辉煌一时的苹果装饰采用的是"联邦制"，其董事长李齐承认苹果装饰成也联邦制，败也联邦制。所谓"联邦制"就是将经营权、人事权、财务权完全下放子公司，一级大区总权力很大，总部只收取1.2%的管理费用于财务、人事、品牌推广和新项目投资，剩余的钱由各地子公司自行支配，早期极大地激发了员工的积极性。由于组织和分公司没有隔离，没有风险管控，财务混乱，总部基本丧失了对子公司的直接管理能力。子公司虚报产值、费用开支毫无节制，一些本身不具备能力的大区总盲目扩张，导致巨额亏损、现金流断裂、爆发全国性支付危机，最后局面失控，总部有心无力，无数心血毁于旦夕之间。所以苹果装饰崩盘时，董事长李齐发布《关于苹果装饰的真相告社会各界书》，称"总部并没有解决子公司问题的能力"。

生活家是分公司制，其武汉分总个人魅力很强，曾连续三年产值过2亿元。当公司业绩没增长时，所有的问题都来了，组织的战斗力下滑，分总失去价值感。后来该分总自己创业，带走了不少核心骨干和中层，对武汉分公司影响很大。而从职业经理人到老板，是不一样的心态和能力，自己创业投资几百万元，和做分总时花老板的钱的感觉不一样，最终创业失败，公司和个人双输。

笔者认为不管联邦制还是分公司制，出现问题的核心是还无法突破行业的非标属性，太依赖于人，很难在组织上有更大创新。相对来说，现在的全国连锁装企更多在强化总部的中后台能力，抓产品研发、市场投流和供应链等能力建设，而让分公司强化销售成交、施工交付、用户运营等本地化能力。

（3）组织力是装企能力建设的根本

核心能力不是被设计的，而是在商业的自然选择机制里进化出来的。不要因为看到海底捞的核心竞争力是组织，京东的核心竞争力是执行力，就盲目套用在自己身上。企业要思考在生死存亡的真正关键节点上，让企业多次扛过去的共性因素，这才是企业的核心竞争力。

装企的核心竞争力可以构建在以下五个维度中的任何一个之上。

①获客效率，其由三部分组成：一是综合性的付费营销的效率，二是交付带来的综合返单效率，三是运营带来的口碑回单效率。

②产品。产品是你对用户的价值交付，你想通过这个产品向用户传递什么。

③组织力。组织力是基于真正为用户创造价值的内部培养机制和价值观认同之上，能够与时俱进且保障员工成长机制和分利机制的系统性能力，是装企城市扩张和拉开规模差距的核心竞争力。

④交付。家装本质上还是做服务，要让用户感受到省心、省力和品质。影响装企口碑的两大关键因素主要是用户体验和交付质量。

⑤信息化。信息化的核心是互（物）联网，把信息高效连接起来很重要，装企基因决定了信息化方式的差异。信息化一定是业务驱动下的需求，不能舍本逐末，为了信息化而信息化。

这五个维度跟装企增长的关系是什么？

优秀的装企五个维度都不差，但有一个特别突出；非核心能力的升级没有办法帮装企突破真正的增长瓶颈，突破只能通过核心能力的识别和升级来实现。这就意味着，装企要实现翻倍增长，就一定得完成核心竞争力的升级，表现为长板更长、短板不短。其中，组织力是统筹优化装企其他能力的根本。

二、装企组织力解析

1.组织目标：赚快钱还是创造用户价值

绝大部分有一定规模的装企是想服务好用户，为用户创造长期价值，不想被贴上"坑蒙拐骗"的标签。但在经营过程中，由于各家装企产品、获客、转化、交付、组织、信息化等关键要素的水平参差不齐，导致文化墙上写，口号嘴上喊，为用户创造价值的理念落不了地。

一些家装公司高举为用户创造价值的旗帜和使命，可在产品包装、供应链、施工交付、服务等很多方面的动作都成了围绕营销进行的"假动作"，不一定创造用户价值，更多是为了吸引用户到店，促成签约。

比如将施工工艺"过度包装"拍成短视频对外传播获客，用户发现自己家交付水准与之差几个档次，怎能忍住不差评？但不包装，不找差异化，产品就没有卖点，影响上门，影响转化。久而久之，很多装企就成了售前和售后"两张皮"的"双面人"。当"假动作"被拆穿，上当的人少了，获客成本便持续推高。

获客问题没解决，销售转化率不稳定，口碑回单过低，那些坚持用户价值导向的装企在执行时就会不自主地往营销倾斜，毕竟生存问题都没解决，谈其他的太奢侈。

2.组织陷阱：组织建设不要挑战人性

（1）装企仍是围绕组织和人建立相对竞争力

为什么打磨产品的装企竞争力不一定强？因为你的产品相比同行不一定有巨大势能，假如你有30％的毛利率，同行是40％，即10万元，你有7万元是花到了用户家里，而人家是6万元，你1.2倍的产品势能不突出，在销售端和交付端还可能被稀释掉。

某次私董会上峰光装饰集团董事长由峰说家装行业最关键的是交付和人，围绕这两点做好就不会差。这一观点笔者也是认可的，但我们往往低估了人性，听左晖讲链家的经纪人合作网络（即ACN网络）是怎么建立起来的，一个很重要的点是不要挑战人性。家装比房产中介复杂百倍，装企的变革和迭代足够尊重人性吗？

很多装企喜欢用制度、标准化、流程等将人捆在各岗位上，导致人的能动性差，工作的协同性差，配合度差。设计师和项目经理互相推诿扯皮，你说工艺有问题，他说图纸有问题。

销售成本由获客成本和销售提成两部分组成，很多公司给设计师的销售提成高，也一定程度提升了签单转化率，若获客成本比例合理，销售成本可能也是相对良性的。这也是一些分好利、注重培训和考核的装企公司业绩不差，再在交付上做好一点儿，也还不错的原因。

再看一个城市人家的案例，西安城市人家半包做到2亿元差点儿"死"了，后来转型缓了好几年才起来。与业内朋友聊到城市人家为什么在西安可以做到7亿元产值？总结了四点原因：

①城市人家是较早进行股改的装饰公司，总经理、核心高管持股，作战有士气。②激励大且快，分钱快，设计师每月以14天为考核期，发两次钱，提成和工资单独发放。③城市人家甫一建立就是营销驱动型公司，善于做市场。长板很明显，发展中再补短板。其在2014年开始专注于中高端客户，围绕定位重构模式及产品，从半包到整装，把欧标1.0版本推到了4.0版本。④城市人家的中层管理团队是西安家装市场中最稳定的，基本都在15年以上，一些人刚毕业就进入公司，成了核心管理层以后打不离，骂不走。

从这四点可以看出目前装企仍是围绕组织和人建立相对竞争力，怎样让组织更有战斗力，怎样更有效激励人，装企要提升的点很多，最后还得依靠组织和人来落地。严重内卷、各项能力被抹平时，会发现家装公司现有的竞争力就是沉淀下来的组织和人才。

（2）组织人效不是看成本，而是看回报和产出

在家装家居领域，不管是加盟门店，还是直营门店，和总部有关系的"死法"基本是两种：一种是总部不作为，无"能"可赋，如获客、供应链、信息化、经营管理等没一个有竞争力，或赋能给门店，对其效率的提升忽略不计；另一种是总部乱作为，不停迭代瞎折腾，环节也没跑顺，门店各种跟不上，最后就是不参与、不跟进，你做你的，我干我的。其实公司之间比拼的就是给员工配置"生产要素"能力的差异，公司赚到利润的多寡，取决于生产要素配置能力的水平。

再看一个公式：

综合ROI（投资回报率）＝[功能性回报（短期、长期收入回报）＋心理性回报（成长、开心、成就感等）]/[功能性投入（时间、金钱）＋心理性投入（内心扭曲心累、风险焦虑）]。

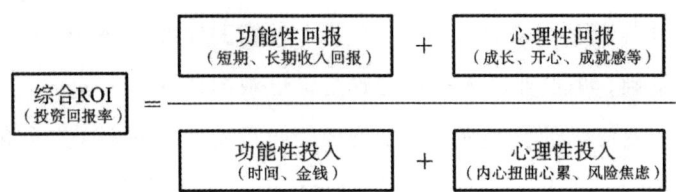

①组织自我检视问题，装企ROI最大化。

装企有没有清晰的人才策略？人才招聘标准是否清晰？如何提升？

装企各级领导者花在员工身上时间的有效性是否有提升空间？如何提升？比如一对一，一对多。

装企各级领导者有没有为了员工的心智不成熟和业绩问题而耗尽心力，疲惫不堪？如何提升？

装企有没有各种组织内耗，诸如跨部门合作不通畅等问题？如何提升？

装企战略增长速度如何？是否能够匹配甚至超过人才成长的速度？如何找到更大增长空间？

装企的各级领导者有没有挑战员工潜能，有效辅导员工，帮助员工给公司创造最大化贡献？如何提升？

②员工自我检视问题，员工ROI最大化。

员工的有效和高效工作时间占总工作相关的时间的比例是多少，是否可以提升？

员工在工作中自身的金钱投入是否有降低的空间？如何降低？

员工在工作中的内心扭曲和内耗是否有降低的空间？如何降低？

薪酬激励和期权政策是否有各种溢价现象？如何根据业绩和市场水平公平付薪？

如何让员工在工作中阶段复盘，借事修人，快速成长？

如何让员工在工作中找到成就感和工作的意义？

③交付自我检视及ROI最大化。

产业工人和工长组织方式不一样，其施工组织形式跟工厂一样内部分包，分为计件或基本工资＋KPI。产业工人施工标准的统一性得有行业共识，这是基础，但产业工人的行为则是价值观的体现。

做到一定体量的装企都会面临规模交付稳定性的问题，在分包机制下大规模交付与口碑几乎成反比，即随着在施工地数量的上升口碑会变差。而装企的产业工人做到位会提升施工效率和质量，坚持长期价值的规模装企一直在努力进行施工组织的变革，产业工人是当下选择的主要方向。

方林的产业工人还是大包模式，小包结算，大包给管家，管家再结算给工人，还是在调动工人的积极性。

爱空间的产业工人全国认证，一年一次，北京的工人可以去西安接单。整装行业平均交付期为60天，爱空间新房装修交付期缩短为48天标准工期，像北上广深很多老房会加7天的拆改周期，交付效率再度提升。

3.分利机制：钱分好了，大半问题迎刃而解

单纯以分利为核心的家装公司组织形态很容易出问题，员工会在公司恶意牟利。比如打鸡血式促销和签单，高激励，和用户串通下虚假订单，领完提成再退单等。如何分利，先看以下两个例子。

（1）平均主义吃大锅饭

1号家居网童铭总结自己亏损30亿元的惨痛教训，其中之一就是"人情化借钱、分钱太江湖"。逢年过节，到结婚生孩子买房子，没有哪个员工不借钱，直到倒闭进行事后处理时，还有七八千万元被员工借走；分钱时吃大锅饭，比如A城市分一百万元，B城市分七八十万元，没有按照公司经营业绩分配，而是搞平均主义。

（2）大工长制尾大不掉

大工长优势很明显，就是交付做得好，但工费也相对较贵。为什么东日易盛大工长制根深蒂固？原因是陈辉、杨劲创业时得到了几个工长的鼎力支持，一路走来，陈辉讲感情，不忍动他们的利益，就有些尾大不掉，在东日易盛，项目经理开豪车拉腻子粉是常见的事情。如今东日易盛陷入经营困境，有业内人士认为，"东易日盛业绩下滑，大部分原因可能跟经营管理不善有关，原因是离婚前，东易日盛一直是杨劲负责内部管理工作"。

俞润装饰的俞爱武认为装修最大的问题就是利益分配不平衡，过度依靠某个团队或某个人时，每个人的价值无限放大，不能让桌子一条腿，而应是标配的四条腿。

人才分为两类：一类是技能型，级别不低，可以是经理或总监，但要上手干活儿；一类是高级人才，空降到装企任总经理及副总裁级别的领导，但这类人很难留住，因为若不是开拓新业务做增量且产出明显，其利

益分配有限，便很难待久，除非是公司的战略性投入，如招聘一个首席技术官（CTO）补公司的短板。

有无分利做得比较好的装企呢？圣都算一个。为什么圣都的员工能从最基础的岗位晋升到大区总？这是因为圣都鼓励做增量，盘子在快速放大。对装企而言，分利机制要能形成合力，员工与企业同向发展，钱分好了，大部分问题自然迎刃而解。

4. 组织风险：现金流、资产负债率、资本、成控与发展节奏

（1）要有极限现金流管理意识，不能总想往前跑

如果公司明天破产，你有足够的现金可以给装修未完工的客户退款吗？你有足够的现金可以给供应商结算吗？你有足够的现金可以给工人结款吗？你有足够的现金可以给员工补发工资吗？我可以肯定地说，在家装行业很难找到这样的公司，都是靠现金流活着。

非典疫情后，俞敏洪定了一个规矩，如果突然有一天新东方不能做了，新东方账上的钱，必须能把学生家长的钱全部退掉，把员工的工资全部发完。后来教培改革，行业地震，新东方花费近200亿元退学费和遣散费。

家装行业产值过3000万元的公司像新东方这样有极限现金流管理的几乎找不到。教育和装修一样都是收预付款，先拿钱再办事，现金流很好，正是这样，使得很多公司都死在了奔跑的路上。而且家装行业的复杂程度10倍于教培行业，容易出问题的地方更多，风险管控更为复杂。

很多家装企业的倒闭、跑路就是源于资金链断裂，虽然很难做到像新东方这样，但也要控制风险，算好账，不乱花，不要野蛮扩张，要有序经营。收的装修款不全是你的钱，决算之后的净利润才是你的钱，可能只有6%。

（2）要有危机意识，资产负债率不能过高

每个行业都有自己的平均资产负债率，如果资产负债率过高，又没有完备的风控防范措施，很容易导致资金链断裂。装企得有危机意识，不要用经营性现金流冒进贪多，存量且内卷的时代，要高筑墙，广积粮，缓称王。

一般认为，餐饮行业资产负债率的适宜水平在40%～60%；房地产和建筑行业的资产负债率平均为70%～80%。为什么房地产和建筑行业的资产负债率这么高？

因为建筑企业需要在施工的各个环节垫付资金以及缴纳资金，属于重资产垫资模式，且工程回款较慢；另外建筑企业的毛利率本来就不高，加上原材料价格上涨、人工成本上升等因素，其盈利水平也受影响，推高了资产负债率。相较于餐饮和建筑行业来说，家装行业的资产负债率在60%左右是合理的。

2019—2021年，家装第一股东易日盛的资产负债率大致稳定在70%左右，这种资产负债率就很危险了。2022年末其资产负债率突然飙升至91.07%，2022年东易日盛净利润亏损达7.511亿元，对比2021年7909万元的利润，跌幅超1000%，出现了断崖式的由盈转亏。2023年其资产负债率为92.89%，继续亏损2.09亿元。2024年第一季度亏损1.16亿元，累计亏损达10.7亿元，过高的资产负债率在市场不景气时更是雪上加霜。

（3）要把握好发展节奏，不轻易稀释股份

如果企业没过破局点，还处在从0到1的摸索阶段，不要轻易拿投资，这时的企业价值不大；如果这份事业能做大，团队也有梦想，也不要轻易融资，如果能靠银行借款等其他方式解决资金问题，就先不要考虑股权融资。

比如两个竞争对手的估值都是5亿元，一个比另一个少稀释了20%的股份，那么在竞争上更有后发优势。在家装家居信息化赛道上，前后有爱福窝、酷家乐、三维家、打扮家、躺平设计家等都有过融资经历，回过头来看，融资的节奏恰到好处却是酷家乐和三维家脱颖而出的重要因素之一。

（4）要避免被资本挟持，找到合适的投资人机构

企业雇佣资本，而非反过来被资本挟持，装企的发展节奏一定掌握在创始人自己手上。要考虑找到合适投资人以什么价格拿到多少钱，拿谁的钱更重要。有些投资人会相信时间，相信长期的价值投资，如巴菲特、高瓴资本的张磊等；有些投资人追求中短期的收益，急功近利，在家装、家居这类行业里，忌急功近利，跑快了容易踩坑交学费，一不小心就"死"了。

例如，成立于2003年如今已经偃旗息鼓的我爱我家网盘踞上海，成立时间比齐家网还早，最初平台定位是家装领域门户网站；2005年开始的团购业务为其供应链优势打下基础；2008年拓展商业空间，逐步转型B2C；2015年又根据行业发展趋势，启动全国家装业务，2017年年底覆盖了42个城市，营业收入过5亿元。2018年5月爆发危机，客户、供应商等挤兑，导致资金链断裂，公司倒闭。

上市公装企业宝鹰建设控股集团股份有限公司（简称宝鹰股份）是我爱我家网持股比例最高的单一股东。为了加快上市，我爱我家网在宝鹰股份的要求下，跑得太快，产品迭代也快，各分公司跟不上总部的节奏，员工跟不上各分公司的节奏，最终死在了奔跑的路上。

高瓴创始人张磊有句话一针见血：企业家最容易犯的缺点有两个，一个是贪婪，另一个就是愚蠢。你可以犯一个错误，可以贪，但是不能愚蠢；如果愚蠢，千万别贪，也可以穿越周期。对家装家居领域的创业者来说，这个行业太复杂，复杂到很容易让大家都有认知遮蔽，变得愚蠢，所以最好不要贪婪。

（5）要有成本管控意识，提高人效

知者研究有个装企门店经营模型，以整装客单价20万元为例，加上总部人员分摊人效大于150万元算是高效，若只看门店则大于200万元营

门店经营模型

业收入算是高效。

通过成本分类管理、阿米巴和经营者机制进行长期的流程改进和创造性的成本控制，关注乘法（只有10元钱应该给到谁）和减法（如果这个部门只留下一个人，你留谁），这样你就知道哪些岗位可有可无。

这个方法很实用，尤其是对于一线门店来说，店面不大，人浮于事，一个门店经理还要配一个助理的情况也是有的。在战略成本管理上，不是说10个人只想减1个人减谁，而是10个人只想留一个人留谁，倒过来想，这种思维方式才能找到真正有价值的人。

三、建立有效推动组织成长的机制措施

1.企业增长三要素

增长要素模型包含三大要素：大的行业机遇，2015年的家装互联网化浪潮，代表装企有爱空间、有住、积木家、金螳螂家、靓家居，以及转型、调整或倒闭的橙家、我爱我家网、实创等，到如今的整装；核心竞争力，爱空间的标准化整装、圣都的个性化整装、九根藤的产品化整装、华然的个性化全案；关键支撑要素，贝壳家装的流量等。

2. 从 RPV 模型判断装企现状及竞争关键点

RPV 模型是克里斯坦森教授在《创新者的窘境》一书中提出的，R＝Resource＝资源，P＝Process＝流程，V＝Value＝价值、价值观，即衡量什么该做、什么不该做的价值标准。RPV 模型是衡量一个组织是否健康，是否有价值，能否长期生存的工具。初创期对应 R 资源——破局点；增长期对应 P 流程——增长拐点；成熟期对应 V 价值观——极限点。

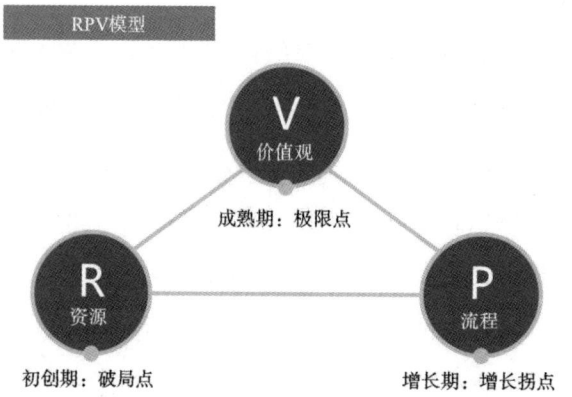

家装行业早期的进入者都是因为这个行业现金流好、能预收款，来钱快，门槛低，想挣快钱，没什么改造行业的情怀，大多也不会考虑可持续发展问题，让行业越做越烂。这种创始人文化直接导致企业经营者目光短浅，能捞钱就捞，捞不了了就关门或跑路。

90% 没有进入破局点的装企缺少优势资源，要么设计能力不强，要么没有产品，供应链整合能力不佳，要么施工交付很烂……在没有了上游地产红利和流量红利支撑后，很难再做起来。这类企业既有外部环境的影响，还有内部的各种不足和短板，即使有一两个长板也被消耗磨平了。

对于9％处于发展期的装企来说，跑马圈地，业务扩张时，就得靠流程规范化运营。其中组织力是能否增长的关键保障，而非模式、产品、资本和系统等要素。家装是严重依赖人的非标、重服务的行业，目前的产品化、信息化仍然无法取代人的价值和作用，再怎么信息化都不及在高效组织下销售转化率提高五个点带来的效果更明显。

只有不到1％的装企进入了成熟期，即将到达极限点，如果没有孵化出或分形创新出第二曲线，将面临极限点之后的增速下滑甚至业绩萎缩。

3.怎么建立有效推动组织成长的机制措施？

借鉴华为的经验并结合装企实际经营情况来看，大致解决框架如下。

（1）建立让企业、行业可持续发展的企业文化

企业文化是企业上下的共识，是企业成功的关键因素。企业文化包含使命、价值观、精神象征、愿景、行为和担当，是持续保持竞争优势和改写公司命运的重要动力。

领导力是组织能力的核心要素，而企业文化本身就是领导力的一部分。组织能力的形成需要领导力。一个人有权利塑造他人的行为和价值观，或创造形成新的文化价值观，正是领导力的具体体现。

对装企而言，让行业从业者包括客户经理、设计师、工长、监理等在阳光下有尊严地赚钱，而不是设计师通过过度销售、卖材料拿返点，也不是工长靠恶意增项赚钱，让产业链上下游都能得到自己该得的利益，共同为用户创造价值。

（2）合理分配，让创造价值的人分享利益

任正非说，"我在华为20多年做的最重要的事情，就是分钱，把钱分好了组织就活了"。

做好价值创造、价值评价与价值分配，关键是要建立合理的价值评价体系。

优秀装企应具备两个等边三角形。

第一个"等边三角形"，由价值创造、价值评估、价值分配形成。

①价值创造，以客户为中心来创造价值，只有这样，才会有人买单。

②价值评估，就是说不让"雷锋"吃亏，公正透明地把贡献者以结果为导向评出来。

③价值分配，以奋斗者为中心，根据评估结果，公平公正地进行分配。

第二个"等边三角形"，由责、权、利形成。

装企内部经常会出现这样的情况，有责任的人没有权力，有权力的人没有责任，有权力有责任的人，把事情做了却没有分到利益，就导致了不公平，所以要做好责、权、利的对等。

对装企而言，设计师以设计方案和服务客户为本，这是价值，而不单是销售，所以考核点就是销售转化和用户体验并重，个性化装修服务则以用户体验为主；项目经理的考核点是施工质量、施工周期和问题率；供应链的考核点就是材料下单准确率、周转率和是否及时配送……

同时，绩效导向与可持续发展导向并重，解决面向个人和面向组织的问题，促进企业可持续发展。

（3）抓管理，抓组织，找高手，让车头强起来

毛主席教导我们说：领导者的责任，归结起来，主要是出主意、用干部两件事。

邓小平同志说：我的抓法就是抓头头，抓方针。

任正非是华为干部管理工作的第一责任人，他在公司只管一件事，那就是管干部，干部的标准是一切干部管理工作的基础和出发点。装修是劳动密集型行业，还在吃管理红利，店面或分公司干得好与坏全靠一把手。

作为装企的管理层必须具备：

①保持强烈的进取精神和忧患意识，对公司的未来和重大经营决策承

担个人风险；

②坚持公司利益高于部门利益和个人利益；

③虚心听取不同意见，团结一切可以团结的人；

④加强政治品格的训练与道德品质的修养，廉洁自律；

⑤不断学习，突破认知边界。

华为的"四力"领导力模型也很有价值，高级干部要有决断力（战略决断，战略洞察）和人际连接力、中层干部要有理解力（系统性思维，妥协与灰度）、基层干部要有执行力（激励与发展团队，组织能力建设）。

（4）家装组织的自我批判，复盘与精进。

将军如果不知道自己错在哪里，就永远不会成为将军。

华为如何开展自我批判？组织保障、舆论引导、制度保障、有的放矢和覆盖上下。对装企来说，自我批判的三步骤和三原则都是简单有效的方法，可以借鉴应用。

自我批判的三步骤：反思、总结和改进。

自我批判的三原则：三讲，三不讲，即讲主观不讲客观，讲内因不讲外因，讲自己不讲别人，这些都能在实际工作中拿来用。

（5）让一线员工有足够的成长空间和晋升空间。

从结果公平（分配公平）到过程公平（程序公平），自愿合作的基础是信任和承诺，而过程公平是建立信任与承诺的基础。要让装企的一线人员感受到分配公平、过程公平，能往上走，有发展空间。

四、装企组织优化

1.建立敏捷组织

传统管理有两大隐含假设：第一，人是可量化的；第二，组织是机械的。机械型组织在当下会出现群龙无首、上下失联、孤军作战的情况。

（1）怎么建立家居企业新业务所需要的敏捷组织

向华为学习，通过最小单元去中心化，由透明化建立合作共赢机制，文化引领让员工自驱动，组织赋能个人。如任正非所言，方向大致正确，组织充满活力。

①去中心化：新业务的组织架构与原公司架构脱离，从自上而下变革为客户至上，通过阿米巴、小前台建立独立经营单元，并能直接触达用户，听见他们对产品和服务的反馈。

②透明化：办公区没有独立办公室，前后左右的部门墙打通，通过信息化、数字化让项目的方方面面透明，绩效考核不再是KPR，而是OKR，即关注用户，关注过程。

③自驱动：部门选人也不是招下属，而是找合伙人，能自我燃烧、自我驱动，和整个团队有共同价值观，利益共享。

④管理方式：从控制型向赋能型转变，赋能个人。

⑤要建立学习型组织，打破认知边界和组织心智；还要提升人才密度，提高人效。

大多数公司依靠流程管理，这样做风险小、见效快。用流程来管理这些不确定性，减少风险是最容易的。张一鸣认为，一般在行业相对稳定、模式不变的情况下，增加规则是没问题的。如果是在一个动态变化的行业里，规则固化了同事之间的配合方式，制约了灵活性，就会出现许多问题。

流程提高了效率，但是排斥了变化。流程带来确定性的同时也就束缚了你，很多公司的组织心智就是这样形成的。流程一体两面，如果行业相对稳定，选择它是没问题的。只是我们现在处于乌卡时代，变化速度越来越快。很多装企是靠着强大的规则惯性前进的，一旦行业突然变化，内部调整困难。这也是很多公司跑着跑着突然跑不动的根源。

（2）家居门店从机械型组织过渡到生物型组织

机械型组织：机器—熵增—控制—金字塔—全产业链—成功驱动。

生物型组织：生命—负熵—不控制—自组织—生态—使命驱动，如阿米巴、合弄制、小组制、独立小机构。

机械型组织有效率，生物型组织有活力。

家居门店如何从机械型组织过渡到生物型组织？家居门店生物型组织实施要点如下。

①强大的中后台能力：总部S端赋能门店B端，包括信息化平台、销售工具、获客支持等。

②最小完整组织单元：设计师＋客户经理＋管家三人小组实施。

③资源递增流程：围绕转化率不断优化业务和销售逻辑。

④使命驱动：为客户创造价值，实现美好家。

（3）创新案例：亚朵、北京十一学校

案例一：亚朵有非常多有意思的价值观。比如全员点赞，每人每月有5张点赞币，可以将点赞币给对你帮助大、你最满意的人。亚朵每年评选优秀员工只需要看点赞币排名，排名高的自然就是优秀员工。在工作合作中，对任何人有意见都可以在网上发起吐槽，被吐槽人在接到吐槽的48小时内要进行回馈，吐槽人要针对回馈结果进行打分等。低于一定分数要上榜、要整改。目标就是建立起一个和谐的基层关系。

案例二：北京十一学校变革三步走。第一，在全体老师中建立起变革的共识；第二，找到推动变革的关键人物；第三，找到推动变革的行动抓手。

①开会达成共识，讨论建校以来成功因素；未来六年必须坚持的八大关键因素；最后落地行动方案，形成文件，叫《北京十一学校行动纲要》。

以"速赢"为导向，如改善食堂的就餐情况；增加老师的节日福利；取消对老师的考勤，取消一周一次的全体教师大会，大大提高老师的时间自由度等，让组织的每个人感受到变化，从而开启变革。

②找到推动变革的关键人物，如业务骨干、业务上有成长潜力的苗子、非正式群体的意见领袖。关键人物之外的其他人，十一学校的态度是：鼓励先进，允许落后。不能急于求成，给予充分的时间，等待他们走过这段心路历程。

③找到推动变革的行动抓手，即"寻找内部客户"，不同部门找到自己的服务对象，如会计要把来报销的人员当作客户，负责组织会议的行政人员要把参会的同事当作客户。

2.组织能力迭代

十一学校李希贵校长说，"能用结构解决的问题，就不用制度；能用制度解决的问题，就不靠开会"。装企组织能力如何迭代？有如下四个关键点。

（1）精兵简政、放权

公司与其费尽心思制定复杂的规章制度，不如放权给员工，省下来的管理费会远远超过可能的浪费。卫哲说，组织效率下降的最大问题是，公司对员工没有基本的信任。因为信任，所以简单；因为简单，所以高效。

（2）打造利益共同体

创业公司可以通过股权预留机制、股权分批成熟机制、预设退出机制等多种手段，在公司发生变化时，及时进行股权和利益分配调整。就像真格基金创始人徐小平说的，"不要以兄弟感情去追求共同利益，而要以共同利益来追求兄弟感情"。

容象能做到豪宅全案设计规模化，给笔者的启发核心是两点：一是成为主人，利益共享，能力互补，专业上你定；二是让精神更自由，更从容，被尊重，不一样的价值创造，直白些讲就是站着挣钱。

像积木家希望建立共识、共担、共创、共享的合伙人组织，把公司当成平台，把员工变成老板。平台必须够大且有拓展性，可以衍生出不同的独立业务；老板集经营权、所有权和收益权三权于一身。主张做身股而非银股，合的是能力而不是钱。

雷军认为，除了薪资和期权，对优秀员工而言，对他们最具有吸引力的就是能与顶尖人才共事，获得个人在工作和事业上的成长。其实就是打造利益共同体，将培养落到实处，给员工足够的自由和成长空间。

（3）优化单店模型

简化组织管理，优化单店模型。如华美乐的标准店面积为800平方米，共计13人，其中设计师5人，业务员5人，监理1人，2人负责接待、人力、行政、保洁等，一年业绩做到两三千万元。组织打磨后人效高，坪效高，不算总部分摊，只算单店利润，利润率为15%。

东莞近几年已无毛坯房，华美乐到其他城市开分店，和员工一同分利。开店员工虽然不是股东，但能参与分红。只要你愿意开店，公司就跟投，比如投资比例四六开，但分利六四开。

（4）提升员工积极性

美国心理学家赫斯伯格提出"双因素理论"，该理论中包括一系列增加工作满意度的"动机因素"和因管理不当导致员工对工作不满的"保健因素"。根据该理论可以看出，工作的满意与不满意同等重要。提升工人的积极性要从薪酬和非薪酬两方面着手，不能想当然只加薪或只给精神鼓励。

3.OKR在家装领域的应用

（1）OKR的理念

格鲁夫认为，一个成功的目标管理系统需要回答以下两个问题：我想去哪儿？我如何确保自己朝目标迈进？这两个问题的答案，正是OKR的核心，即目标（objective）和关键结果（key results）。

案例：谷歌的OKR

第一，谷歌公司的目标对所有员工公开，每个人都可以看到公司里其他所有人的目标，上至CEO，下至一线员工。

第二，除了自上而下地分解目标，谷歌公司还允许一小部分目标由员工自己来定。这样可以让员工对自己的工作更有掌控感，从而更好地进行自我管理。

第三，谷歌不直接制定考核目标。谷歌认为，一旦制定考核目标，员工与公司之间就开始了博弈。员工肯定希望把目标定得尽量低，更易通过考核。老板当然希望把目标定得尽量高，这样公司会发展得更快。

为了避免员工与公司之间斗心眼，谷歌尽量把目标定高一点，但不直接考核有没有完成目标。为避免员工"放羊"，谷歌打了一个"补丁"——360度环评。老板、下属、同级、周围的人都会给其打分，最后加权算出一个分数，通过这个分数来考核绩效。

（2）装企组织的OKR

装企组织规模达到一定程度后，分工更细化，上下游及内外协作增多，信息传递壁垒增强，就容易遇到"内外割裂""上下割裂""前后割裂""左右割裂"的问题，也就越需要OKR这样的轻便管理工具。

OKR的核心价值是聚焦重要的事，保证节奏和方向正确。方向是什么？方向就是面对目标的位置。节奏是什么？审时度势，因势利导，就是灰度。组织运作方式不能像铁路警察一样，各管一段。家装组织应把装企的总体目标自上而下逐步分解为每个员工的个人目标。

装企组织的OKR追求的不是一次性制定几十、上百个目标或指标，而是在一个战略规划里聚焦几件关键的事，踏实去做，在这个战略执行周期不断调整打法。制定OKR，避免内外割裂脱节，要通过五会，即"制定会""对齐会""跟进会"和"复盘会"来进行战略校准，如执行周期为1年，则每年制定1次、复盘1次，每月对齐1次、跟进1次。

为避免装企组织信息由上到下传递失真，得借鉴"卡路里"思考模型，思考完成目标时卡在了哪里，突破卡点应该选择怎样的路径，"里"是里程碑，代表了关键结果。如装企制定战略目标前期达成共识，但后期执行产生了变化，前后"两张皮"，就需要以用户体验为目标执行跟进。**装企组织结构复杂，不同职能、业务部门相对独立，容易出现跨部门协作不顺畅，这时就需要用大目标覆盖小目标，打破部门之间的墙。**

五、装企赋能型组织如何打造

家装公司开拓省外市场会采用合伙人制，或加盟形式赋能门店；上市家居企业欧派家居、索菲亚、志邦和尚品宅配定制四巨头布局大家居赋能合作伙伴；建材家具企业渠道招商赋能经销商……

家装家居公司若想有效赋能，S2B2C模式就得强化S端，得让赋能有价值；同时，还得打造赋能型组织，让赋能有效落地。家装家居行业赋能型组织打造分三步：重塑组织、找到关键人才、打造独立小机构。

1.装企如何重塑组织

装企要系统梳理各岗位的赋能的业务流程，得足够细，围绕流程之间的协作链重塑组织。因为赋能组织是基于工作流程和业务赋能的需要而形成的协作链，如果流程不够细，衔接有断层，命令无法下达，就不是一个通畅的赋能型组织。

比如家具的供应链赋能，终端店需求与S端的衔接，S端需求分析精准下单内部之间的衔接，S端供应链中心与厂家的衔接，厂家与物流配送安装的衔接……无论哪个环节出问题，都会导致工期延期。

如何重塑组织？

以"人"为核心，建立自驱型组织，用目标、方法和工具来消除个体能力差异。一线员工的配置要从用户需求出发而非依据中层管理者的喜好。重新认识员工，新时代的员工从被管理到自驱动，使命＋成长；重新定义员工，数字化帮助员工提高效率和工作能力；重新激活员工，通过适配工具赋能，让员工实现理想。

激发人才动力的三级模式：

①获取分享——物质激发；

②成就认可——荣誉激发；

③梦想成真——使命激发。

从授予制到获取分享制，即装企事业部根据经营结果获取利益、后台支撑团队通过为事业部提供服务来分享利益，这样做的好处是可以促使所有人聚焦业务经营与发展。获取分享制的实施有两大要点：要点一，只有长期"打土豪"，才能不断"分田地"；要点二，设定有挑战性的目标，化"贪婪"为动力。

2.找到关键人才

一定要找到关键流程中的关键人才，否则流程可能就衔接不起来。另外对人才要有分级，要有系统的方案，只有中层管理的战斗力提高了，总部才能给直营门店或加盟商、共创店等赋能。

①配置中层干部的五个策略：业务干部必须来自一线，职能干部必须有成熟经验，中层干部必须手比头高，中层干部必须冲锋在前，中层干部必须年轻化。

②参考五星控股培养中层干部的四个方法：

a.实战锤炼：没有舞台就没有人才，将军是在炮火中打出来的；

b.强迫成长：培养干部就像生豆芽，高目标倒逼高成长；

c.干部学院：野草里选不出栋梁，要在树苗里选；

d.隔级带教：让企业家培养企业家，让优秀的人培养更优秀的人。

打造五个氛围、六个习惯，即学习的氛围、开放的氛围、创业的氛围、高效的氛围、务实的氛围，以及深度思考、求真务实、复盘反思、利他共享、勇担责任、心态积极的习惯。

3.打造独立小机构

有了组织，有了人才，有了氛围，还得有持续的动力。装企通过不断拆分业务流程，打造各个关键点的独立小机构，即经营单元，让每个赋能板块都是老板，并能依靠合理的利益分配机制获得收益。这样每个独立小机构就不再是火车而是动车，不再是职能部门而是经营部门，从管控到赋能，从职能到经营，从封闭到无界，装企组织才更有耐力和活力。

落实"分灶吃饭"的原则，以区域为主线建立、发展、壮大经营单元，营销体系自上而下划分为片联、地区部、代表处三个层面的区域经营单元，让组织的意志直接落实到基层。

自下而上以解决用户需求为核心倒推建立铁三角作战单元，由家装顾问、设计师、安装工人等将一线问题通过组织反馈给高层责任人。

由高层责任人领导的独立小机构往往也是打破流程束缚、实现体系外第二曲线增长的关键。简而言之，遵循大中台—赋能—小前台模型，大中台得持续优化以提升运营效率，即外向化、利润化、单元化；小前台要不断迭代以适应外部变化，即阿米巴、铁三角、小组制。大中台和赋能板块以及小前台相处应遵守五个原则，即给予信任、给予授权、给予补台、给予认可、给予利益。

第五章
装企精细化运营和数字化赋能

一、什么是精细化运营

1.精细化运营带来内生性增长

要素、连接和目标三种要件构成系统。"要素"之间的"连接"关系决定了系统要实现的"目标"。

精细化运营是系统性工程。"系统"的意义在于，从微观层面的多种工具组合，到中观层面的综合解决方案，到宏观层面的价值网重构，整体会大于部分之和，是着眼于长期的内生性增长。"常规增长"对短期业绩负责，而"非常规增长"对长期发展负责，"双轮驱动"推动企业在激烈的竞争中胜出，如波司登和瑞幸的系统化转型升级。

案例一：波司登系统化转型

高德康称这次转型为"二次创业"，核心战略是"聚焦主航道，聚焦主品牌"，采取了一系列落地措施，包括激活品牌、升级产品、优化门店等。

①激活品牌。2018年波司登在水立方进行了"服装行业唯一入选国

家品牌计划发布会"，和万达300个购物中心合作，分别做快闪店、店中店这样的活动店，体现波司登的年轻、时尚，扩大影响力。

②升级产品。主航道聚焦功能性产品羽绒服，其他所有延展品类都放弃。针对年轻人，推出多个系列，比如Jean-Paul Gaultier（爱马仕黄金时代缔造者）联名系列、米兰时装周系列、IP联名系列、情侣系列等。

③优化门店。波司登的经验是选好位置开大店，一家大店胜过十家小店，不像样的店面会妨碍品牌的发展，门店减少，进而库存减少、成本降低。无论是旗舰店、加盟店还是店中店，都做成波司登同频的体验。

案例二：瑞幸是如何断崖式领先的

①产品定位的转型。瑞幸做经典咖啡做不过星巴克，做奶茶做不过喜茶，但在"奶咖"这个新赛道上，瑞幸是"爆款王"。

②开店策略的转型。一开始瑞幸只做直营，不做加盟，后来又做了加盟，这是为什么？原因有两个：一是瑞幸"奶咖化"产品制作简单，快闪店靠一名全职员工和一名兼职员工就能搞定；二是库迪紧追猛打，抢地盘。市场就那么大，用户画像重叠度又高，不开放加盟，市场就被分走了。

③营销方式的转型。从以前的暴力打折，到现在的花式发福利，如定点抢、老带新、秒杀、砍价、问答等。

波司登和瑞幸这两个案例都是企业经过了百米冲刺，即"常规增长"的第一阶段，到了增收不增利"非常规增长"的第二阶段，于是从品牌、产品、门店、营销等多个维度开始精细化运营。非常规增长并非来自加大投入及服务升级，而是不断提出猜想，通过洞察用户更本质的需求，小范围精准验证，以可行的办法满足用户需求，直到拿出一个经过验证的新增长方案。

装企毛利率有限，不能脱离目标谈精细化，存量时代不做什么比做什么更重要。**单个环节的改善可能表现为成本的增加，但多环节打通就会实**

现效率的提升。如很多装企的工具很好，但数据没有打通，适配性也不强，反而影响工作效率，就像汽车装上飞机引擎，速度快不起来，飞机引擎反而变成了负担。

2.精细化是对原有系统的改善

先看两个不同行业对原有系统的改善案例：

案例一：萨莉亚门店

萨莉亚专设一个部门研究怎么节省时间、提高门店效率。菜品加工环节用加热速度最快的铝锅，发明了番茄切割机、特制沙拉酱。上菜不用托盘，直接用手端两盘菜更便捷。拖把装上自动加水器，按照"U"字形来拖，不需要重复劳动，节省时间。采用中央厨房模式，一是节约门店后厨面积，二是加快上菜速度，10分钟之内15道菜全部上桌，比肯德基、麦当劳还快。日本一家萨莉亚门店大约30个座位，客人平均停留时间为15分钟，这个翻台率连沙县小吃也望尘莫及。

案例二：泰山七日鲜

20世纪90年代时，国内共有800多家啤酒企业，2000年前后经历啤酒企业并购潮后，规模以上啤酒企业就只剩下不到30家，乌苏啤酒等幸存者旁落外资。啤酒行业头部品牌全国称雄，地方小品牌占山为王。泰山啤酒两头为难，于是用"笨办法"自建线下直营门店和物流体系。把门店开在商圈和生活社区里，为周围3～5公里的社区提供30分钟新鲜快送服务。6年时间在全国开了2300多家直营门店。为什么七日鲜能杀出重围？掌门人陈成稳说，一开始并没有想把生意做这么重，从自建渠道到自建物流，都是被"七日鲜"这个概念一步步逼出来的。

家装行业链条长，服务重，现在越做越重的主要原因在于行业生态链的众多服务角色、关键赋能角色不健全，导致装企在扩张或求大的过程中不断做加法，很多本该是生态配套的都要自己做。但装修公司的能力很有限，尤其产品链到整装有巨大的能力陷阱，做了太多不专业的事情，整体管理还是太粗放了。

相对于粗放式管理，精细化是对原有系统的改善，其核心任务是做强，体现为**能力更聚焦、连接更紧密、标准可量化、反馈更及时、运营更高效**等方面。其目的是对外提供最优化的用户体验，对内降本增效，提高装企的生存和综合竞争能力。

目前许多装企整装模式有问题，低端的没质量，价格高的家具软装如同鸡肋，卖不动。所以对装企而言，没过破局点之前，即在没有摸索出正循环的增长飞轮前，要聚焦，要坚持做减法，改善原有系统，除非你过了破局点，增长到了一定的体量，有了核心能力，可以基于能力和用户需求再进行业务延伸。

整装一般得有35%的毛利率，从店面租金、人员成本、营销成本最低档累加，下来就得20多个点，毛利率太低了没利润，经营风险高。所以不能只节约产品成本，还需要对原有系统进行优化，如进行数字化管理、供应链整合等，进而帮助装企降本增效。

3.装企精细化运营的关键

（1）聚焦自身优势

面对强大的对手，创新装企要找准自己的利基市场，在某个局部建立起非对称优势，获得成长空间。行业重组时，对于中小装企来说，不要光顾着自己的一亩三分地，而要密切关注行业龙头商业模式的变化，借力打力不费力，学会与大企业共舞。

未来装企的核心能力是基于用户需求的产品研发能力，再对上游工厂进行反向定制，以及促使厂商将经销商改造成服务商做交付，能力会不断聚焦。存量时代装企如何聚焦自身优势，提高竞争能力？先看一个"3V"模型：

"3V"	战略/成长问题	企业的反应
重要顾客	市场：哪些细分市场和城市 行业：哪些产品服务品类	找到自己的精耕市场，比如区域市场，如二三四五线城市，甚至县域市场；清晰用户画像，找准产品定位
价值主张	制胜模式：如何获胜——靠流量、产品、组织、运营、信息化和交付 收益模式：如何赚钱	高效提供产品、服务和交付，性价比优，成本结构合理，管理运营高效；赚取产品差价＋服务溢价＋效率利润
价值网	时机：行动速度和次序 途径：如何实现目标——依靠内部成长，还是成为产业链的一环	根据产品研发有效整合上游供应商和下游产业工人，找到合适的设计师，做好利益分配；以内部成长为主，战略性参与产业重构

（2）制定合理的运营指标

人需要一部分的想象力以对抗不确定性，否则就不知道该往哪里走；但又不能想得太细致，精确同样让人寸步难行。市场迎来新一轮重组，家装行业的平均毛利率在下降，行业净利润低，只有守住毛利率，经营状况才能相对稳定。在不同的发展阶段，装企只有制定合理的运营指标，才能有的放矢。具体操作如下。

①从关注业务到关注经营，从关注转化到关注损耗。

过程——业务管理：产品、营销、转化率、营业收入。

结果——经营管理：成本、费用、转化损耗、利润。

②从业务角色到经营角色，实现目标统一。

从关注给门店做了多少业绩转变为关注给门店挣了多少钱。

从店长为经营结果负责转变为经营主为经营结果负责。

通过复制店面实现盈利增长转变为复制盈利小组（单元）实现盈利增长。

③从业务会议到经营会议，实现动作协同。

区别项	业务分析会	经营分析会
组织者	经营主	店面总经理
关注内容	A.上门数 B.订单数 C.合同数 D.转化率	【1】收入 【2】毛利率 【3】纯利率 【4】固定费用率 【5】变动费用率

固定费用率：销售工资费用率、设计工资费用率、交付工资费用率、房租费用率、装修费用率。

变动费用率：获客＋损耗费用率、销售提成费用率、设计提成费用率、交付提成费用率、刷卡手续费用率。

④关注"转化率"和"损耗率"。

运营转化过程中有个关键点不能忽视，即转化损耗指的是**销售转化过程中没有被转化的流量**。

如何降低转化损耗？从关注"合同额"到关注"转化率"；从关注"转化率"到关注"损耗率"；找出"贡献者"和"损耗者"，低于标准叫损耗，高于标准叫贡献。

损耗率＝实际营销费用率－6％，损耗＝合同额×（实际营销费用率－6％），6％是经营模型的营销费用率。装企可结合本地市场的竞争情况、自身运营水平和经营质量测算出自己经营模型的营销费用率。

损耗计算参考

经营组	A	B	C
面谈量	20	20	20
订单转化率	30％	20％	10％
合同转化率	70％	50％	40％
合同量	4	2	1

续表

经营组	A	B	C
合同营业收入	￥420,000.00	￥200,000.00	￥100,000.00
获客费用	￥20,000.00	￥20,000.00	￥20,000.00
营销费用率	5%	10%	20%
损耗	无损耗	￥8,000.00	￥14,000.00

经营模型是否高效，核心取决于上门转化率（30%～50%）、订单转化率（30%～50%）、合同转化率（60%以上）。这三个转化率高，且面谈量大，获客成本不会高，费用就可控。核心就是获客费用占比要控制住。

二、装企精细化运营常见问题及改善

1.门店运营的常见问题

问题一：小门店的净利润率如何超过10%？

基本是做好交付和老用户维护的本地深耕策略。小门店一般没有市场投放费用，就靠线下扫楼、客户转介绍或低成本线下推广，一个最小经营单元一个月做3单，净利润率是可以超过10%的。均客单价按15万元测算，30%的毛利率，3单合计45万元营业收入，固定成本包含基本工资1.5万元（一个客户经理＋一个设计师＋一个工程经理），租金1.5万元，装修分摊、加盟费或总部分摊、行政费用1万余元，再按销售提成10%扣除4.5万元，每月还余5万元毛利润。如果自己进行市场投放，可能由于上门量少、质量差，或者转化率低，导致销售费用过高，那净利润率就会低于10%，如果店面租金、人员成本再高些，可能就不挣钱。

问题二：加盟店的老板是什么心理？为什么经营赋能使不上力？

对装企加盟门店的老板来讲，此前可能因为胆大、运气好赚了些钱，生意逻辑很简单。现在干装修之后，才发现这不是个好生意，太累，太苦，太烦琐，可能还不挣钱，完全不是想象中的样子，心理落差很大。这种心理落差在生意不好时表现得尤为剧烈，可能导致老板没有信心，打退堂鼓，下面的人也就无精打采。

门店运营中心（总部赋能中心）给予的支持一般是打电话、沟通琐事，如上门量少、转化率低、关注话术演练等，能缓解压力，但作用不大，最终解决问题还得靠加盟门店的人。加盟店做得不深入的合伙人会觉得考核就是给他们戴上金箍，为了多薅羊毛，成为平台的附庸品，被牢牢控制住，这是加盟商不想看到的。

问题三：为什么门店很难吸纳优秀人才？组织无法激活？

一是分利机制问题，二是晋升路线不清晰。合伙人固守利益蛋糕，竞争加剧又导致盘子做大困难，盘子小，蛋糕就小，新人如果本身能力一般，就算成长快，顶多做到中层，晋升空间有限。能力强的人基本进不去，进去了让做增量或创新业务，又不给资源支持，没干多久就得停。所以不一定待得住，人才进进出出，门店以及企业乃至整个家装行业人才流失率就大。留下来的人能力一般，创新能力不强，在迅速扩张时期可作为中坚力量稳住大后方，一旦扩张脚步放缓，人才流失，余下开拓能力不足之人会让组织失去活力。人才都留不住，不能激活，哪还有余力进行精细化运营？

2.门店效率如何提升

（1）展厅选址是关键

小米之家如何选址？小米的用户和优衣库、星巴克、无印良品的用户高度重合，因此选址策略差不多。小米之家主要选在一二线城市核心商圈的购物中心，优先和知名地产商合作，如万达、华润和中粮。对于入驻的购物中心，还要考察其年收入是15亿元还是25亿元。入驻商圈之前，会数客流，计算单位时间内的人流量，以这种方式获得基础的目标流量。

出于对成本、定位和流量的考量，家装公司把店开在写字楼、园区、家居城等。靓家居认为现在年轻人的消费习惯发生了改变，所以在广东将80多家直营店开在购物中心，使用面积多为500～1000平方米。套餐和整装用户多数属于刚需型和改善型，主体为80后、90后，平时逛街很少去建材家居卖场，店铺也逛得不多，他们最喜欢去购物中心，不管刮风下雨、天冷天热，都可以购物、吃饭、看电影、谈恋爱、体验亲子活动等，热衷选购快时尚品牌。

店开在购物中心，还有一个原因是整装产品化之后可以零售，并能形成网格化服务，像钱大妈生鲜超市一样，离用户更近。靓家居的网格化就2公里，店面30人，月合同数在20～40份之间，按15万元客单价算，最高产值为600万元，人员和单子自动调节。客源有购物中心门店客、介绍客、买客、小区客等，出问题马上进行客源调剂，整体精细化运营能力强。

（2）大店与小店的取舍

家装门店不仅展示材料，还能展示场景方案。怎样给用户直观展示装修产品解决方案，在一定程度上影响上门的转化率，门店的大小对运营者的操盘能力要求也有较大的差异。

①头部装企布局"万平大店"。

业之峰董事长张钧认为，小店基本靠店面自然客流，承担着高额的租金，依托购物广场，还要面临缺好店长、缺人等问题，成本不可控。

"而我们在强引流优势的基础上，布设有限数量的大店既显得高端，能集中客流、看得住、管得住，同时大店大气场加上数字孪生技术的补充，体验感更强。再者大店对自然客流依赖很小，店面区位是没落物业，以极低的价格拿下房租的差价也是利润来源。别人赚一份装修的钱，我赚三份钱:装修的钱、运营没落商业地产赚的差价、广告的差价。"

业之峰2021年斥资逾2亿元,一口气开了6个"万平大店",整合全包圆整装、家具、个性化等,适配刚需、中高端不同消费层次及设计、硬装、软装全方位的家装需求。采用合作厂家的品牌、产能、设计软件、培训能力,安装、售后、库存等中后端专门招人自己做。同年业之峰和全包圆在北京区域的销售额突破20亿元,创造了家装行业"单一城市突破20亿元"的新阶段。

城市人家2022年开了3万平方米的旗舰店,类似于百安居+大明宫家居卖场的模式。北郊一个店业绩曾一期做到1亿元,15天或20天为一期,半包+施工,设计师代购材料。只要流量不小于大明宫家居卖场,商家就愿意入驻。你看,装修公司干成了商场,但商场还没想明白怎么干。

大店背后的逻辑是:店大,装企就靠谱,就安全,不会跑;店大,有大面积的材料展厅和样板间,也可以卖材料,走零售路线。这样就得提高人效和坪效,而不是单纯增加营业面积,同时增加员工人数。装修行业最难受的是门槛低,谁都想进入,做大店提升自己的门槛和构建护城河,对手跟随、跟着跑就得加大投资。

②有的门店小了,反而生意好了。

社区店有其先天的优势:方便。消费者在自家楼下的小店可以一站式解决所有问题。未来的社区是满足城乡居民全生命周期工作与生活等各类需求的基本单元。中国的城镇化也在从建造向服务转型,社区店将同附近住户的生活深度绑定,庞大的存量市场就是其机会。

这类小店背后的逻辑:店小,但离用户近,接触机会多,容易建立信任,转化率就高;店小,固定成本低,可以深度服务用户,提升体验和口碑,再通过口碑持续获客。如果背后有平台支持和品牌背书,小店也能创造大业绩。

靓家居董事长曾育周认为,北方的"大店+小店"模式从盈利角度看不错，但从用户价值来看不一定好。当社区店被中后台赋能，且能提供更多个性化、定制化的服务，中心店＋社区店可能会是最佳模式。

如果你是在一个三四线城市，有能力支撑扩张，可以在非黄金地段开一个中等规模，比如500～1500平方米的店；再在建材市场扎堆区域或一些住户密集区域，开200～300平方米的店。这样一个中心店加一两个"卫星店"，既起到宣传作用，也可以将客流往中心店引。比如和用户第一次见面可能是在卫星店，到谈设计方案时，就可以在中心店的VIP包间谈了，用户的信任度会提升不少。

③开店大小得根据自身情况权衡。

为什么要开大店？做大价值，做大规模。装企大店有利于场景化展示，提升品牌形象和用户体验，通过一站式服务满足用户需求。当地有一定知名度的装企开大店，能强化其在用户心中的烙印，让人觉得其有实力，相对可靠，跟小装企和"装修游击队"也就有了区别。但大店如果交付做得不好，碰到较真的用户到店闹事，可能会产生舆情风波。

用户的体验和口碑是装企的出发点，大小店取舍要根据商业模式、客群定位、产品类型、自身实力和经营能力采取相应的运营策略，要提前测算投入和产出，解决实际遇到的问题，不能生搬硬套。

a.商业模式：自营、平台、平台＋自营、自营＋加盟、自营＋标准化、整装零售等。

b.客群定位：用户是刚需型、改善型还是享受型？

c.产品类型：全案定制、个性化、产品化还是标准化整装？

d.自身实力和经营能力：包括人力、经营能力和资金等。大店的租金、水电和人工是较大的固定成本；小店固定成本低，分布范围广，相对灵活，风险小。

（3）门店模块化构成

①品牌展示区。品牌展示区是装企给用户建立第一印象的区域，一般

集中在门头店招和前台部分。要体现公司的实力，除了高端大气，方案设计中植入企业的品牌文化和理念一样重要，以下几个设计策略可供参考。

a.全国连锁：可以使用地图标记装企分布，用门店编号或者经营授权牌等体现。

b.专业标准体系：荣誉证书、专利证书等。

c.文化内涵：核心价值观、产品价值观等。

②用户接待区。该区域是客户经理与用户沟通洽谈的重要场所，应该尽可能设计成轻松愉悦的环境氛围，让用户可以放松警惕，愿意静下心来与工作人员沟通装修需求。同时该场景中应该融入更多的销售辅助工具，让工作人员可以最大化地利用工具进行沟通谈单。

服务流程说明：设计流程、施工流程、服务流程等，让用户心里有底。

产品保障体系说明：设计保障、施工保障、服务保障、资金保障、售后保障等。

活动政策说明：促销活动物料、小区团购等物料，给用户制造出稀缺的氛围感。

③设计方案区。该区域主要是对设计方案及设计师能力等进行展示，给用户最直观的感受。

设计体系展示：设计理念、电路设计、水路设计、功能设计、效果设计、工艺设计、布局设计、动线规划等。

设计能力展示：设计师简介、案例作品简介、实景方案介绍。

④材料展示区。不同装企的产品整合度不同，半包、硬装、软装产品的材料范围存在较大差异，如产品驱动型的公司，展示会强化材料的特性，弱化材料的品类丰富度。

硬装主材展示：瓷砖、地板、木门、吊顶、开关面板、浴室柜、马桶、花洒、乳胶漆等。

硬装辅材展示：防水、电线、墙固、地固、腻子、背涂胶、水管等。

定制五金展示：橱柜台面、橱柜面板、吊柜、地柜、全屋定制柜、开关五金等。

软装饰品展示：窗帘布艺、挂画灯具、沙发家具、壁纸等。

⑤工艺展示区。按照从毛坯到整装的施工逻辑，整个施工过程包括空间拆除和墙地面修复、空间设备保护、水路施工、电路施工、木工吊顶、瓦工施工、油工施工、主材安装、定制品安装、灯具电器安装、家具饰品陈列。

工艺展示区应对业务涉及的装修流程、工序、工艺进行立体式说明，让用户有直观的了解，也能降低销售人员的解释成本。

⑥实景样板间。实景样板间从设计效果、硬装标准、软装陈列等多个维度还原了装企的装修标准和水平。因此如果展厅面积允许，应尽可能布置实景样板间，它既是一个用户接待的场景空间，也是一个完整效果的展示机会。如果展厅面积不允许，则可以对实景样板间进行功能模块切分，如只对厨房和卫生间两个区域进行重点设计和展示，因为这两个空间在装修上是流程最复杂、用户最关注的功能模块空间。

（4）如何提高装企的综合效率

①提升个人效率。

建立阿米巴经营单元，大公司变成小组织，激发个体的活力，背后是价值创造，没有价值就没有营业收入，成本无法被分摊。如一些装企开始采用内部员工加盟的方式来经营，也是这个道理。

提升个人效率可以通过两种方式：一是自我激励，即公司提供机会和资源，根据员工期望的岗位来要求他；另一个就是自我约束，即坚守道德底线，什么可以做，什么坚决不能做。

装企具体到业务则是把用户信息按照生命周期、消费喜好、成交意向、购买产品类型等维度，进行划分管理，根据用户不同阶段的需求，确立关键目标、关键问题、关键策略、关键路径、关键工具，推动用户精细化管理，让员工有目标可依，实现个体效率提升。

②提升组织效率。

组织效率下降的原因多是管理者缺乏对团队、对员工的信任。装企可以通过合伙人共创机制的管理和企业价值观来提升组织效率。再通过信息化系统打通获客端、门店端、供应链端和施工端等，保证员工在线、产品及服务在线、客户在线、管理和运营在线，提升组织效率。

如孩子王提升组织效率的方式如下。员工在线：母婴顾问，每发展一个在线会员，就算她的终身会员，随时跟客户进行沟通。公司没有规定要送奶粉到客户家，但是员工下班后给送过去了。产品在线：孩子王有7000多种产品在线可以浏览。管理在线：店长可以看到所有店员的聊天记录，监督异常情况。同时，平台提供了常见问题的详细答案系统给母婴顾问，帮助她服务好客户。

③提升资产效率。

案例：

百安居二八法则的尴尬，其20%的产品带来80%的销售额，但是其他80%的产品只带来20%的销售额。这80%的产品，降低了效率，增加了库存，占用了商业面积，降低了资金的效率。

资产效率的提升就是为了防止产生新闲置资源，同时处理掉已有的闲置资源，打好开源节流组合拳。加快资金的周转率，降低材料、家具等的库存天数，如尚品宅配，做C2B，声称消灭了"库存"。

提高单店坪效，要从流量、转化率、客单价、返单率四个维度着手，家装店面的年坪效越高，资产效率越高。

④提高战略效率。

根据三级规模效应理论，规模不等于效益，不是所有业务都需要全国铺开，重点在于密度。要提高战略效率，首先得确定战略定位、产品定位、客群定位，立足于提高密度，包括店面密度、服务密度、人才密度。其次，进行取舍、排序，资源优先分配给最好的业务板块、最好的经营单元。

⑤提高创新效率。

关于创新，阿里巴巴总结了两个凡是：凡是每次还原为创业公司的创新，成功率就很高；凡是大公司做派的，提供各种资源的创新，都很容易失败。

公司越大，创新效率越低。装企如何提高创新效率？一是建立项目发展的自驱力，找到正循环的规模飞轮；二是将组织、项目最大限度地还原到创业环境，以始为终。

3.销售额怎样提高

销售额＝流量×转化率×单值×返单率。

绝大多数装企还停留在解决签单转化率这一步，所有行为和动作都围绕前端签约发力，做签约的小闭环，若交付大闭环断了，就是一锤子买卖的劣质产能，迟早被淘汰。流量越贵，重视交付的装企越要重视转化率和返单率。

（1）提高转化率

①用户需求的快速识别。用户第一次上门的时候，需要提出三个疑问：做成什么样？花多少钱？怎么保障？

既要装得好，又想少花钱，就必须做取舍。用户进门店后，设计师或家装顾问的关键动作，不是巧舌如簧地告诉用户自家东西有多么好，而是要引导用户尽可能多地体验不同风格的套餐。视觉、嗅觉、味觉、触觉、听觉，这些都是重要的记忆点，用户体验感越好，成交的概率就越大。

推荐设计方案或家装套餐时，需要把用户的需求快速进行分层和识别，找到其装修的关键需求点，并进行有效排序和取舍。不让用户做是非题，让用户做选择题，帮助用户锁定自己的核心需求，进而根据价格进行调整，最终确定自己的装修需求和方案。

信任需求：首先要解决用户对公司和销售人员的信任问题，否则所有的需求都无从谈起。

设计需求：用户选择装修公司，对设计是有一定要求的。

工艺需求：用户更看重哪些区域的施工工艺？这些区域是否有特殊工艺施工要求？

材料需求：材料品牌？材料质量？材料环保性？材料花色和样式？

服务需求：有没有时间装修？服务有没有保障？

价格需求：这是最敏感的一部分需求，产品的价值有了，才能要得上价。只有前面的需求被满足之后，跟用户谈价格才有意义。

②快速找到关键决策人。在进行装修方案谈判的过程中，一定要找准关键决策人，找对人就等于成功了一半，否则你之前所有的沟通可能都会功亏一篑。我们见过很多装修单子都以"需要跟父母沟通一下""需要跟孩子沟通一下""需要回去跟老伴沟通一下"宣告失败。

这就需要在进行方案沟通之前，有效锁定装修的关键决策人，通过一看一问，来辨识出关键决策人。比如：

看年轻单身，问："是不是家里父母做主？"

看年轻小两口，问："是不是双方父母做主？"

看老人单身，问："是不是孩子说了算？"

找到了关键决策人，就需要跟其建立联系，需求沟通过程最好邀请其参与，了解其关注点和诉求点，做出相应的调整。

（2）增大客单值

①从硬装到整装。

产品能力：标准化打底，打造差异化价值。

部品整合：跟部品商和供应链平台深度融合，做大蛋糕，互利共赢。

一站式服务：帮用户省时省心省力，做好节点验收、按期交付、售后保障等。

②从自营到赋能。

装企自身能力不足时，与定制家居、厨房电器、中央空调、新风系统、软装等延伸品类合作，让部品材料商及经销商赋能。通过品牌合作联动，为用户提供全面、放心、高品质的服务。

③从低端到高端。

a.从低端设计到高端设计。家装公司是设计主导的多品类集成并负责交付协同落地的服务商。孵化原创设计力量，提高家装设计的个性化和标准化平衡。

b.从低端服务到高端服务。装修成交的底层逻辑是信任，需要以用户需求为根本、以产品为基础、以服务为核心，做好用户体验。装企通过高品质、好交付、绿色化等，给用户带来除产品本身价值以外的溢价。

（3）做好口碑运营

越是低频，越是高客单，越是非标，就越是需要强大的售后做保障，这也应是品牌装企和"装修游击队"的最大区别。如果只是前端"忽悠"，后端应付，这类装企的生存能力可能还不如做口碑的"装修游击队"，因为后者组织更灵活，运营成本更低。对有志于成为区域有影响力的装企来说，改善售后已经成为改善经营状况的重中之重，具体可以这样做：

①装修半年后进行用户回访，发现问题，亡羊补牢。

②老客户关系维护，一般采用发放节假日小礼品、定期上门检修、开展社群活动等形式。

③回馈转介绍的老客户，如以旧换新活动等。

④改变过去从上到下只重营销而忽视售后、不择手段签单的情况，并对售后设定具体的操作标准。如售后反馈问题全员可见，并成立专门小组研究和解决问题，售后体系做到24小时在线，第一时间响应，3天内上门

处理，以NPS（net promoter score，净推荐值）为考核指标等。

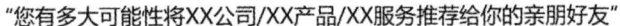

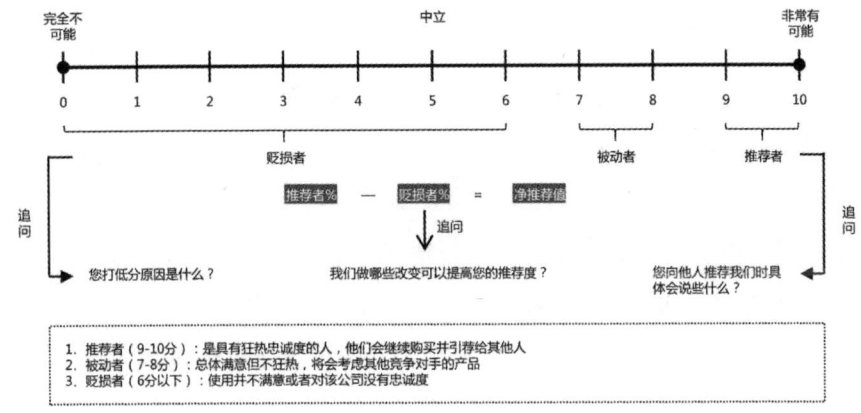

NPS是怎么计算出来的

NPS能直观反映公司的用户口碑，它是对整个组织的服务做评判，如果NPS小于30％，就要对产品和服务进行优化和提升。

①先找出问题：NPS要结合用户反馈和多方调查等进行分析，找出具体问题。

②优化产品：产品得符合用户的期望，并将毛利率控制在35％以内，定价太高，性价比低，用户对产品不满意；定价太低，装企没钱赚，不可持续。

③优化用户体验：站在用户的角度去考虑问题，要知道为什么做这件事，且服务达到一定标准。

如7-11，加盟店日常电费的八成由总部承担，盒饭如果没卖完总部承担15％，这些都是站在用户角度考虑，前者为了让加盟店多开灯，使用户放心走进去购物，后者是为了确保用户购买时不会因缺货导致印象变差。

④过程中动态管理：从用户一接触产品就开始统计NPS，过程中不断监测数据的变化，数值过低就要尽快给出相应的解决方案。比如按交底、

瓦工、竣工三个节点进行回访调查，可以明确售前、施工、材料安装三个阶段的NPS；又如用户因为售前的夸大销售而退订，并在网上发帖进行负面吐槽，那么当事分公司（门店）、当事人就要承担相应责任，并进行说明和相关培训。

⑤建立工地管理评价体系：如滴滴平台采用口碑值划分等级，等级分＝出行分（130）＋服务分（130）＋车型分（120）＋安全分（130）＋合规分（90），派单和司机口碑值挂钩，如果服务分、安全分、车型分的总和低于345分，系统将自动切换到只能接特惠单，3个月周期内接不了快车单。家装也应建立包含工地、工长、评分、收入等在内的一体化信息系统，综合监理打分、工长自评、用户评价构成项目最终得分，与工费挂钩，回单也可加入打分指标。

⑥专门部门运营：满意只是口碑推荐的基础，但并不代表用户就会去做口碑推荐这个动作，还得有专门部门运营。

⑦与绩效挂钩：NPS和影响这一数值变化的所有岗位的绩效考核挂钩，对不达标的人员应加强培训、提供支持。

最后一旦出现负面口碑，若是项目人员为一己私利故意为之，如没刷防水涂料、偷工减料等，那就要严惩。例如，谷歌因为非法网络药店广告一事被罚款5亿美元，重要的不是"不作恶"的口号，而是作恶后的天价罚金。

（4）提高口碑返单率

一位书友说，住得好才是装得好。装好是品牌，住好是口碑。从"装"到"住"，是从"房子"到"生活"的转变，是从"经营公司"到"经营用户"的转变，装企要提高口碑返单率，有两个关键因素要注意。

①关键因素一：运营效率，即对用户全生命周期的运营能力。

有口碑不代表会转介绍，还要看装企的用户运营效率，就是从用户获取、促活、转化和召回的全生命周期进行深度精细化运营。在家装行业里最常见的岗位有家装顾问、活动策划、社群运营、在线客服等，究其根本，所有跟用户服务相关的岗位，都属于用户运营，因为其目标都是给用户提供满意的服务体验。

过去家装行业的服务是按岗位分段的，经常会导致用户体验的损耗，尤其是不同岗位之间因为信息不完整、不一致，信息断层、衔接不通畅等原因，导致用户的装修体验出现过山车式的忽高忽低。

对于装企来讲，用户精细化运营的核心目的主要包括以下四点。

a.拉新拓客。通过对于渠道的深度挖掘，获取更多新用户，即"开源"。

b.提高转化率。从线索—预约—上门—订单—合同签约的流程来看，每个环节都会有损耗，也就是我们常说的"转化率"，怎样通过有效优化各个环节来提升转化率、降低损耗率，这是每个装企都要面临的一个问题。

c.增强用户黏性。以整装产品为入口，促进用户的搭载销售占比，如销售完硬装之后，再搭载销售定制品、家具软装、家电等。

d.提高回单率。想要增加回单率得通过差异化体验让用户喜欢你、信任你，通过用户的口碑传播，透过你的产品，讲出"你是谁"，带来更多返单。

②关键因素二：客户价值，即规模交付的稳定性。

存量时代口碑是第一生产力，但不能把口碑当成营销的工具，比如刷好评的行为可能会适得其反，会透支企业信用。尤其现在行业信息更加透明，负面消息传播得更快，加上这两年用户手头不宽裕，获客成本越来越高，单纯做营销忽视口碑积累的装企，利润会被大幅压缩甚至为负。对装企而言，规模化稳定交付容易带给用户较好体验，获得用户信任，有利于提高返单率。

三、数字化赋能：从农耕时代走向信息时代

1.装企为什么要数字化

家装行业存在很多痛点，都需要信息化采集，数字化应用驱动变革，如：

量房量不准：不仅不准，效率还低。

设计图不全：应标示的没标，漏项多，图纸不精准，之后改来改去。

算量算不准：专业能力不够或责任心不强，导致材料用量模棱两可。

报价误差大：报价、合同额、最终成交额不透明，误差大。

数据来回导：CRM（客户关系管理系统）、家装ERP系统、施工管理APP等的数据都没互通，无法调用，还得重新输入，影响效率。

材料不对应：下错单、派单不及时、沟通不到位都可能导致材料不能及时、准确到达工地，甚至以次充好。

施工总延期：不提家具软装，就硬装而言，定制品不能与工期配套协调好，都会导致延期。

工业化程度低：现场施工还是主要依赖于人的手工生产。

家装体验不好：环节多、工期长、涉及人员和材料多、流程复杂，协同性差。

导致这些问题的主要原因就是量房人工化太重，设计工具落后、复杂，报价捆绑过多增项，信息化工具没有或滞后……核心点就是信息化不足，标准化和信息化系统协同程度较低，对人的依赖性过高，管理费用会随规模增长同步增加，就会出现规模不经济，即规模越大，组织、管理及运营难度越大，风险越高。

通过对传统企业管理流程进行信息化、数字化改造，能大幅降低对人

的依赖，减少内耗，对外提供确定性，使得用户体验明显提升。未来装企市场竞争也是品牌的竞争，其数字化升级的过程，也是品牌精细化运营的过程。

贝壳HOME技术中心负责人祝旭巍表示，2021年被窝家装就通过Home SaaS家装家居系统实现了对家装流程各关键步骤的模块化、标准化和数字化。在被窝家装北京CBD旗舰店的工地实时查看大屏幕上，清晰展示着北京每一处工地的施工情况，开工天数、服务团队、主材进展等一目了然。

家装全链路的数字化包括CRM＋数智化云设计＋VR＋ERP＋BIM＋产业工人平台及AI赋能，这些都将渗透到产品、服务、组织、运营、交付及售后等各个方面，作为核心系统和链接发挥着不可替代的作用。

2.装企数字化转型的难点

复兴资本投资构家后，笔者去调研过。当时感觉构家比较超前，没有展厅，靠信息化的工具提高转化率，后来发现不靠谱，比如戴着VR眼镜体验场景渲染感觉很虚幻，而且会头晕。说到底，还是产品太空泛，对用户不够了解，对展厅认知不够，一味钻到自己的世界里闭门造车。理念超越了行业的基础建设，有些东西不是单靠企业就能搞出来的。

数字化转型的难点不是找不到开发人才，而是开发出来了和企业的适配程度到底有多高？产出比怎么样？使用成本低不低？能不能为装企和门店赋能？有没有一把手主力推动？能不能适时迭代？

（1）装企内部投入和管理的挑战

家装全链路数字化属于行业基础设施，装企很难自己搞，投入大，产出低，周期长，也没必要，由专业的公司去做，装企直接拿来用就行。

内部数字化建设不足，产值过10亿元的装企可以自己尝试，不过投入产出比可能很低。再就是人，如有的工人用的还是上一代的功能机，没法上传照片，流程卡住了，无法流转到下一环节。最后是意识的转化，流程透明化，灰色收入不好拿，有人就会辞职，所以还得考虑打破传统的金字塔形组织，重塑组织结构。

（2）装企外部效益的挑战

数字化工具的融合度很差，量房用知户型，VR用真家科技，云设计用酷家乐，ERP用智装或云立方，BIM用非象，定制品设计用三维家，供应链和财务等再用其他工具，这些系统或软件有的不一定匹配甚至自身都不成熟，部品材料商和装企数据没有打通。这些都是堵点和难点，就算二次开发，也很难将各个数据孤岛打通。即使打通了，其经济效应也不确定，不少公司是工具很多，从前端工具到后端工具都有，但使用率很差。门店和供应链、交付等岗位不爱用，不想用，觉得不好用，费事，不仅不能提升效率，反而降低了效率。

数字化转型不是一蹴而就的，也并非某个数字工具、某些流程的改变或是局部组织的调整，而是整个企业层面全方位、系统性的变革，先是产品在线、员工在线、客户在线和管理在线，之后才有产品数字化、用户数字化（用户可识别、可触达、可运营、可追溯）、业务流数字化和决策数字化。有能力的装企不能只看到数字化"节约成本"，还要看到"创造增长"，固化、优化现有流程只是其一部分能力，更重要的是重塑产业链的可能性。

（3）数字化转型实例解析

数字化转型更具体一点的例子如某装企的数据中台体系，具体介绍如下。

①用户运营系统。从钉钉—企业微信—微信（从钉钉到企业微信生态迁移），实现与个人微信用户无缝衔接，沟通集成化，打造超级个体能力。

企业微信可以添加个人名片、用户标签、产品资料包、快捷回复、用户朋友圈、微信建群、引流红包、营销工具箱，非常适合与用户进行工地营销互动。借此打造企业的私域流量，实现用户的精细化管理。

②销售管理系统——为销售服务。集成一切与销售有关的要素，实现产品可视化呈现，让业务端最大化地调用后台资源。

③设计快搭系统——为设计师服务。一键快搭效果方案，提升设计师的工作效率。

④门店业务系统，门店经营在线化——构建起闭环数据。全新门店系统，在线选材。

（4）警惕过度数字化

数字化在家装领域试错多，收益少，交的学费与价值留存很难成正比，以致试错成本太高。一些装企将流程颗粒化，不断拆解，然后提炼并总结标准化的动作，但过程中肯定会有无效颗粒化、低效颗粒化，这种"过度"标准化可能也会导致低效，其结果就是有的高效，有的低效，有的效能相比之前不变，总效能可能持平，成本却增加了。

将战略与组织承接相匹配，公司大目标和部门目标一致，通过OKR工具打通，从流程化到标准化，再到工具化，最后沉淀到信息化工具里。这就解决了之前的一个问题，有些部门的精细化不一定有效率，单独看是不错的，但放在公司的大系统里就不一定了。

3.装企数字化管理赋能

家装行业的数字化发展，从货品、服务、用户和门店四个方面看新零售和数字化在家装行业的具体应用。

①货品数字化：家装效果图、产品及材料明细全部可以在线化，但在产品交互、体验方面比较差。一般用户在官网、APP或小程序看到一堆信息、资料时会有些蒙。而企业往往是通过各种渠道和手段收集用户信息，主要是手机号、房型等，然后邀约其上门参加活动看样板间，再通过沟通转化为订单。之前的效果图VR交互性不够，实景VR可能失真，未

来无介质空气成像技术可能将样板间以多种方式呈现，会增加用户对产品的沉浸式感知。

②服务数字化：这方面家装行业做得不好，如线上邀约，到店后就主要看线下的转化能力了。如果能将售前、售中及售后等各项服务也数字化，会大大提高销售效率和运营效率。

③用户数字化：如果只是停留在对用户基本信息的数字化方面，还不能赋能业务如迭代产品和服务，或增进后市场的服务黏性，则还有很大的可拓展空间。

④门店数字化：门店端的业务数据实现了在线化，而门店的体验和展示数字化还要提升。

当然相比轻服务、轻运营的到店业务，家装的复杂程度超乎想象，数字化是一方面，还需要品牌、管理、运营、组织等相辅相成，否则单纯的数字化没有意义。

第六章
建设大规模稳定集成的品质交付能力

一、装企交付常见问题

1.方案设计交付的悖论

但凡涉及规模化交付，不管是整装模式还是全案模式，基本都会出现如下情况：前期设计越精确，用户的问题点会越多，产生的个性化项目也会更多，用户体验度则降低，销售成交的难度就会增加；反而设计越粗放，被普通用户发现的问题就越少，用户体验度则升高，越容易成交，但是粗放设计又会导致施工过程中的问题率增加。从根本上来看，这是家装的非标属性导致的，设计越是精细和复杂，就越容易产生问题。

设计师该如何权衡？首先，基于现有或预期的用户需求，解决其核心需求，与此相关的部分要精细，最好反复确认；其次，容易达成一致的基础硬装需求，也不容易产生分歧，应确认；最后，至于其他部分，在方案设计阶段不必跟用户拆解得过细，避免增加解释成本，也避免用户前期需求不清或想法改变，后期产生变更。

2.施工交付常见问题

材料供应层面：材料缺、断货，材料批次差异，材料下单错误，材料运输破损，材料品控问题。

工人施工层面：工人协调问题，材料对接问题，工艺标准问题，施工质量监督管控问题。

信息化程度低：设计需求传递损耗大，材料供应不畅通，项目管理方式落后，数据分析能力不足，施工流程难优化，各工种协同效率低下等。

3.劳务保障问题

装企的集中交付不能解决劳务保障问题，比如A项目经理和B项目经理的工人都在公司，可以叫共享工人。有些装企干预了结算，但和完全是厂里的工人结算起来是有差别的。

有些公司在单项验收完后就和工人结算，工人不用去公司，由总部劳务公司结算，在系统里点击确认，管家核对预算后，没问题就直接付款，老工人喜欢这样的结算方式。有些公司的产业工人还是分包制，就算给工人发钱，也是将工长的钱留出后再发。

爱空间采用完全分离模式，管家属于工程部，工人属于产业部。管家对于哪个工人干的活儿事先不知道，去了工地才知道；工人是在系统上接单，如某个小区某个工地，工费是多少，觉得价格合适就会去。工人只需要跟管家确认要去哪个工地，干完管家去工地验收，如施工量够不够，质量是否达标，能否交付，有的可能要增项，为什么增项，以及多少钱，确定之后在系统里点击确认。

杭州装企人力成本高，一是工资偏高，二是要缴纳社保、合规成本等。杭派施工组织形态是班组制，核心在于内控价＋管理费，早在15年前就有杭派装企直接把工费打给工人，以防大工头跑路；现在升级了，有装企实行劳务分包，把活儿承包给劳务公司，再发包给项目经理，劳务成本为1.2~1.5个点；还有装企让项目经理注册为个体户，将发包的钱打过去，相当于项目经理变成了个体户，中转一下左手倒右手，但可以开发票。

4.分包机制下大规模交付与口碑成反比

做到一定体量的装企都会面临规模交付稳定性的问题，当然像方林装饰将交付做到企业文化层面的寥寥无几。在分包机制下，大规模交付与口碑几乎成反比，即随着在施工地数量的增加（在施工地安全数量取决于组织、产品、管理等综合因素），口碑会变差。

为什么分包机制下大规模（区域高密度）交付与口碑成反比？

（1）行业特殊性增加了口碑的形成难度

家装是低频、高客单、多环节、长周期且重度依赖人的家庭重大消费。因为低频，平时不关注，信息不对称，容易被坑；因为高客单，所以重视，一个环节没做好，用户就会心生不满；因为多环节，协同难度大，容易出问题；因为长周期，不能短时间发现问题，发现问题后又骑虎难下；因为重度依赖人，所以销售、设计、供应链、施工、管家等多个环节的人员都会对最终的交付体验产生影响。你自己家做好了，介绍给朋友家，他家如果没做好，结果就是朋友会埋怨你推荐的公司不行，你的好评就会反转。

（2）分包机制下，交付品质的不稳定性

①施工过度依赖于人，过程无法被监管，或者监管成本高，存在以次充好，偷工减料的情况；尤其是当施工量增大后，优质工长、工人更稀缺，监理工作流于形式。

②人工成本持续走高，存量市场竞争下装企的毛利被挤压，尤其是套餐公司通过提高在施工地分配量消化工费上涨，虽然工人总的收益增加或持平，但劳动时长增加，活儿能否干好有变数。

③外部市场的不确定性，公司经营的不确定性，使得"活不断，有钱赚"也有不确定性。

④工序、工艺、工法标准化后，执行时独自作业主要还是靠工人自律，而且所谓的标准化不一定成熟且稳定，也不一定能执行到位。一位第三方家装监理负责人告诉笔者，给工人培训，几个小时下来工人只记住了两点：在工地穿好工服、不抽烟。

⑤在施工地快速增加后，施工过程中的问题率也会急剧升高，而在施工地规模放大之下，会导致问题积压，不能及时解决问题会增加投诉率。

综上可见，在当前分包机制和非标手工作业的模式下，大规模交付的稳定性难以保证，要让客户满意并推荐很难。

当然具有长期价值的规模装企一直在努力进行施工组织的变革，产业工人是当下选择的主要方向。**不过选择直管工人，就需要舍弃一部分现金流，跟工长合作，甚至可以有半年以上的账期，但直管后就得直接结算，对当下业绩下滑、现金流紧张的装企来说压力很大。**所以，施工交付的组织变革是要"壮士断腕"的，魄力也是要有能力基础和家底来支撑的。

二、制约家装规模化交付的两大因素

制约家装规模化交付的因素有两个：一是品控，二是工期。品控决定工程质量的好坏，工期决定装修效率的高低，二者都是客户满意度的决定性因素。

1.品控

①材料严选：无论主材、辅材还是软装等，都要严格把关材料商的准入门槛，保证品质。要与可靠的材料商建立长期合作关系，确保材料质量

和供应稳定。

②工人培训：对施工团队进行赋能培训，使得他们了解品质标准，掌握施工流程和技术要求。

③标准化施工：确定客户需求，如材料选用、个性化需求，施工标准统一、具体且清晰，每个项目根据标准化流程施工、监测、检查等。

④定期评估：收集和分析客户反馈及品质数据，洞察问题根源及时改进。持续优化品控流程和方法，提升品质管理水平。

2.工期

①数字化升级：通过数字化平台将标准化、精细化贯穿装修各环节，统筹管理，分阶段主导服务过程。施工全程工地移动可视化、工人派单流程化、材料管理可控化、工资结算标准化、客户反馈透明化。

②信息同步及协作：企业内外部信息同步和高效协作，打破信息壁垒，避免相互推诿。

③创新及风险管理：利用先进技术手段和工具提高施工效率及质量，缩短工期。制定相应风险管理、应急管理措施，避免或减少可能影响工期的问题。

3.装修问题的三级预防机制

对于规模装企而言，通过三级问题预防机制，可以有效管理和规避装修过程中的问题。

（1）标准体系

规避7成问题：通过对装修过程的设计体系、施工体系进行标准的制定和培训，让业务端人员在实际操作中按照标准执行，避免重复出现相同的问题。笔者建议，对施工的各个环节整理一个作业备忘录，以卡片的方式进行整理，让每个工种都能牢牢记住自己的作业环节经常有哪些施工问题项，也方便自行检查。

（2）验收体系

拦截2成问题：在施工环节的前后衔接中，后续工种一定要先确认再施工，不能想当然地认为没问题，避免前面施工不到位导致后面所有作业出现问题。要形成项目经理自检、项目监理巡检的机制，授予项目监理充分的权限，敢于发现问题，并且在施工过程中尽快解决，不要让问题遗留到下个环节。

（3）客服体系

处理1成问题：客服人员在施工过程的关键节点进行回访，主动询问装修进度和装修情况，对用户提出的问题及时响应，快速给出处理方案，最大限度降低用户的负面情绪。

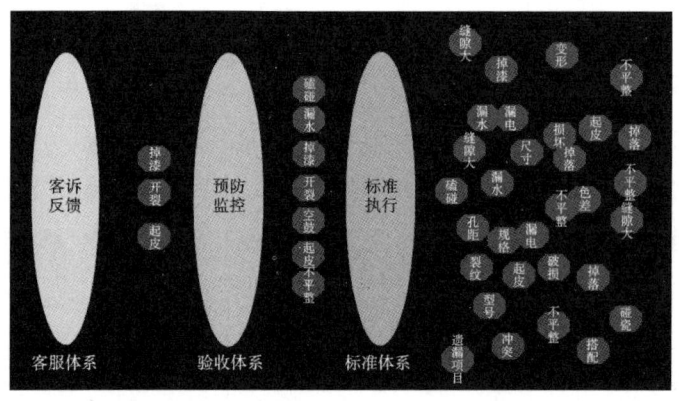

问题预防的三层机制

三、装企交付的四个关键

1.设计交付

（1）影响设计交付的关键

①用户需求理解。充分了解用户具体需求，包括空间要求、格局改

造、风格偏好、预算等方面，想用户所想，做好设计方案。

②设计交付全流程衔接。从前期方案到中期设计优化，到施工材料管控，再到后期交付验收，尤其是同时进行的交叉项目，设计师要做好与业主、施工团队、主材商家等之间的交付对接。

（2）设计及产品端要解决的三大问题

①解决信任（能力和态度）的问题。

这个问题如何解决？品牌＋大咖设计＋前置化需求智能匹配。

前文笔者说过大多数家装公司没有品牌，但家装家居大生态里有品牌，比如贝壳、万科、欧派、索菲亚、顾家、美的、方太、公牛、伟星等知名地产、家居、家电、部品等都是消费者品牌，如果降维到家装行业会有很强的势能，这是目前来说较为可行的品牌解决方案。

再说大咖设计不是销售型设计师，而是懂材料，懂美学，懂用户，有设计经验，有生活经验，有用户思维，容易让人亲近，产生信任的生活方式大师，能基本掌握用户对于家的美好憧憬和实际生活需求，通过需求前置化智能匹配完成方案，专业能力强，签单速度快。

②解决签单效率低的问题。

这个问题怎么解决？超级数据库＋数智化云设计＋千人千面＋AI辅助。

用户端的呈现是千人千面的，是数智化的，就得有巨大的真实装修数据喂养智能设计算法，有亿级的真实装修案例被数字化解构，覆盖了全国几乎所有的一二三四五城市的主要小区和户型，迅速捕捉用户需求，快速匹配设计需求，给出解决方案。

这里主要解决需求拆解和产品呈现问题，用户一看好像就是为自己量身定制的。有了前面的信任基础，这里又能快速匹配需求，对于大咖设计小组来说，一天签3个合同才是正常水平，客单价20万元，一个月1800万元产值，这是理想状态。

要注意的是，这里有几个隐含假设：一是品牌和大咖设计能快速建立信任，就像买车一样，因为此品牌而进店，而大咖设计就是告诉你什么车适合你；二是适合的方案是基于大咖设计，根据需求洞察解析及数智化云设计的需求匹配得来的；三是大咖设计不是一个人，而是"小组＋数智化云设计＋AI"的协同体，由主咖设计、需求深化设计、颜值功能设计等组成，主咖是火车头，后面是自由组合的车厢。

③解决出图和报价的问题。

这个问题怎么解决？BIM＋数智化云设计。

如果设计图出来的同时，施工图、材料清单和预算表也能准确无误地出来，且预算＝决算，就得通过BIM实现。

家装与BIM技术融合后，产生了BIM家装，可以实现精准报价，规范施工图，避免材料浪费。材料的属性、规格、数量、价格、生产厂家，以及装修隐蔽工程等施工交付都可以通过BIM家装实现在线化、数字化和可视化。这让整个装修完全透明了，而且数据可存储、可调用，试想七八年以后局部装修时拆改会极为方便，换装更快，省心、省力、省时。

2.施工交付

（1）材料供应层面

①材料缺断货。前端销售展示和材料库存没有联动，用户签约之后，所选材料可能没库存，导致无法供应或材料配送延期。此类现象多见于材料品类繁多的大型展厅。

②材料批次差异。同型号不同批次产品存在颜色、规格差异，导致补货时有色差。此类现象多见于瓷砖品类。

③材料下单错误。设计师、装企材料文员、供应商材料文员任何一个环节失误，都会导致下单错误。如材料在展厅展示时，标记编号错误，诱发下单错误，更糟糕的是已施工完成，发现下单错误，这时造成的损失

更大。

④材料运输破损。装修材料一般比较重，物流配送中稍不注意，都可能会导致材料破损。若是到工地发现有破损则需调换，不仅影响工期，也会形成一定的损耗，因此需尽快完善家装材料供应链的追溯体系，保障工程交付。

⑤材料品控问题。如材料安装中无人验收和进行质量把控，安装完成后被用户发现产品质量问题，最终需要退换货，重新配送安装，引发一系列连锁反应，处理起来就很麻烦。

（2）工人施工层面

①工人协调问题。大部分装企的工程项目都以转包方式给到项目经理或工长，殊不知项目经理的工人资源也是有限的，而目前项目经理大多都不善于使用项目化管理工具，在承接项目增加之后，项目经理往往会出现协调不及时的情况，影响施工工期。

②材料对接问题。怎样保障材料配送和施工节点无缝衔接，这是很多装企面临的一个大难题。材料与工艺的衔接紧密程度，直接影响施工周期。

③工艺标准问题。大部分的工人和项目经理并没有经过装企严格的培训就上岗，即便有，很多也是走过场，到具体施工时还是老样子，导致施工工艺标准参差不齐，工程质量难以把控。标准化落地的问题主要通过三种方式解决：其一，加强培训，保证工人有标准化施工的能力；其二，严格验收，保证工人按标准作业；其三，提升工人待遇，让好工人能接更多活，赚更多钱，形成正向激励。

（3）信息化程度低

①设计需求传递损耗大。由于家装BIM系统还不成熟，再加上效果渲染引擎的模型搭建门槛比较高，很多装企的效果设计只是停留在签约阶段的效果展示层面，并没有完全延展到材料选项、空间算量、一键出施工

图纸的环节，在设计需求和施工对接上存在不少断点，这时还是需要人去做衔接，导致需求传递的损耗很大。

②材料供应不畅通。随着更多装企推出整装产品，意味着装企需要整合的材料会越来越多，每种品类的材料从采购、仓储、配送到门店销售展示，整个链条都需要打通，才能有效保障采、供、销三端联动，及时响应前端业务需求。

③项目管理方式落后。限制装企规模化发展的一大关键在于，如何并行管理成百上千个在施工地，保障每个工地都能平稳、有序地开展工作，这就需要一个SaaS化的、以每个工地为最小协作单元的项目管理系统。

3.产业工人

（1）为何许多装企老板呼唤产业工人

因为当前全国99％的装企工程管理模式是发包，且分淡旺季。如果养自有工人，企业负担太重，工人也吃不饱；而采用劳务分包，工人技能参差不齐，培训管理难度大，品质无法保障，接私单现象无法杜绝。合格的产业工人足够多，家装行业的施工交付水平才会有明显提升，用户满意度也会提升。产业工人的好处有二：一是专注施工，多劳多得，施工质量相对有保障，因为做不好拿到的钱就少，且后续分的活也少；二是灵活就业，工人不用一直耗在公司，装企的负担也轻。

行业资深从业者南唐提到，产业工人可以分为狭义的产业工人和广义的产业工人，后者是经过国家、相关行业部门认证的一批工人，具有相应的权威性。

目前而言中国家装行业暂时没有广义的产业工人，装企提到的产业工人大多是狭义的产业工人，是由自己登记、注册、内部培训、考核，最终认定为产业工人。这类产业工人既可以属于A公司，也可以属于B公司，还可以属于C公司，其稳定性装企无法完全控制。需要强调的是，产业工人是在施工标准统一的前提下进行培训、考核、验收、达标（有一定的认定标准，并可能获得资格证）的。

（2）产业工人的三种组织形式

一是"公司＋雇员"，就是自有产业工人。做精细、做口碑、做高端用户的装企可以考虑这种形式，标准化施工程度高，易于管理，缺点就是初期成本高，需要最大限度缩短工期，资金密集度高，可复制性小。目前仍有一些装企在坚持自有产业工人，如方林，但复制起来难度很大，难点在于交付文化的复制，以及体量没起来时成本如何分摊，可通过提高施工溢价、提升回单率等降低成本，但前提是装企要达到一定体量跟规模。

二是"公司＋个人"，即工人与公司通过双方利益最大化实现捆绑合作，没有必然的依附关系，表现形式是公司与工长长期合作，由工长管控施工队，一对一沟通，复制性强。缺点是工长水平和施工工人技能参差不齐，缺乏服务意识，管理难度大，部分工种诸如瓦工、木工等人员倾向老龄化，施工技能和标准退化，将阻碍行业可持续发展，此外如何找到合适的工长也是一大难点。

杭派家装团队比较年轻，整体交付体系不错。其班组制核心是内控价＋管理费，做好预算，自动得出成本，例如20万元单子其中成本12万元。工费＋提点制，工费打给工人，项目经理提5个点。

工班上岗前统一进行系统性的培训，包括企业文化、工艺及服务意识的培训；工班施工的工地会进行验收评定，不符合公司工艺标准的会被清除；内部设立奖励机制，周巡检工地发现工艺好、服务好的工班有现金奖励，每年对工班施工量超出公司额定产值的进行奖励。同时，也会提供晋升岗位和机会，优秀工人可以晋升为项目管家、专项质检员等。

三是"平台＋个人"。平台作为第三方参与施工管控，用于帮助用户推荐或挑选工长，如当家APP，靠口碑、运营和模式设计让工人和客户自传播，其作为装修业主与装修工人联动的中间平台，通过去中间化，业主能够直接联系工人，同时解决业主端和工端的痛点。但有一点值得注意，牵扯流量分发或信息撮合的平台如果不介入交付过程，装修结果往往不可控。

（3）产业工人发展的四个阶段

第一阶段：工人注册，公司先发钱到工人，保证钱安全，不被工长挪用，这在一定程度上会考验装企的经营水平和现金流的管理能力。

第二阶段：工人培训和认证，即实现工艺、工法、工具和工人的标准化，更多在于标准的准确性和稳定性，以及培训、落地，能有效质检和考核。

第三阶段：信息化协同，解决大规模的材料、工序和工人的协同问题。外部供应商和内部资源的有效协同需要磨合，所以稳定且成熟的供应商体系也很重要，那些一年一招商的装企不一定是为了打磨产品、优化供应链，可能就是为了赚进场费。

第四阶段：形成良好交付品质的价值观和企业文化，需要时间沉淀和打磨，真正做到对工人好，只有让服务用户的一线人员满意，才能让用户满意。这一阶段最重要，也最难做到，工人"有尊严"只有在这一阶段才能真正实现。

笔者在武汉调研，看了方林装饰的工艺展厅和企业文化后，更加肯定了大规模的稳定交付不只是管理和制度，而是价值观能否传导到工人层面，并被认同，核心是从协同到共生的组织涌现。

方林是后轮带前轮，大闭环带小闭环。王水林董事长很重视工程，来到西安先去工程中心，"618"开业晚宴时也是和工程人员单独开三桌吃。行业同仁说工人对老板忠心耿耿，指哪儿打哪儿。真心实意对交付员工好，员工才会真心实意对客户好。方林这种价值观在全国各个分公司没有稀释，这也是一种核心能力，好多公司只学了方林的工艺和机制，但没学到本质，即使命、初心、舍得。

（4）产业工人未来发展趋势

产业工人跟传统工人最大的不同在于系统赋予个体极大进化。未来的产业工人将拥有统一的形象、专业的技能、规范的施工标准以及良好的服务意识，通过"人＋系统＋体制"的组合拳方式推动家装行业的交付变革。

从爱空间的实践来看，产业工人同样要经历三次革命，即身份革命、技术革命、信用革命，从原来的一个社会隐形人变成国家信用公民。让产业工人得到应有的尊重及社会地位、更好的待遇、更健全的权益保障，家装行业才能可持续发展。

4.全链路数字化

（1）全链路的数字化呈现形式

①在超级数据库的支撑下通过数智化云设计快速、准确捕捉用户需求，在设计师有限辅助下完成方案。总部建立中央设计厨房，可以解决下沉市场没有大咖设计或者找不到合适设计师的现状。

②数智化云设计＋BIM让效果图、设计图、施工图、材料清单与交付一致，即预算＝决算，效果＝实景。

③施工数字化，建立各节点的施工标准，产业工人培训及考核后持证上岗。

产业工人要有等级，C级产业工人做不了A级产业工人的活，工艺、工法也根据客户需求有分级。

通过数智化云设计＋BIM＋ERP＋产业工人等实现所需即所见，所见即所得。如艾佳生活与广联达投资做非象科技，推动做产业工人，其模式的核心在于交付稳定性。

（2）全链路数字化的两个基础

全链路数字化最难的一环是施工，如果仍按照传统的水电木瓦油的作业方式，数字化大概率会失败。

全链路数字化需要具备产品端装配化、交付端革新化两个基础。

①装配式装修应发展到一定程度。装配式装修具备标准化设计、工业化生产、装配化施工和信息化协同四大特征。

建筑设计与装修设计采用一体化模数，BIM模型协同设计；产品统一部品化、部品统一型号规格和设计标准；由产业工人现场装配，通过工厂化管理，规范装配动作和程序；部品标准化、模块化、模数化，测量数据与工厂智造协同，现场进度与工程配送协同。你会发现，部品在最大限度标准化、装配化，对人的依赖程度大大降低。

②新技术、新工艺对交付带来革新。和装配式一样，数字化的核心就是减少对人的过度依赖。

比如，特斯拉提出的一体化压铸技术，极大简化汽车制造冗余的流程，不仅极大减少车身焊点，车身的整体强度也得到了提升，提高汽车制造效率。如果其他工种也可以优化和变革，对工人的依赖会大幅度降低。产业升级本就是"去人化"，去得越彻底，效率越高。

以上两点是与家装全链路数字化相向而行的，这条难而正确的路是对整个产业链的变革，没有长期主义的坚持和坚守是走不到最后的。

四、如何突破大规模稳定集成交付瓶颈

笔者在头部装企调研时，大家都认为设计是魂，产品是本，交付是根，也认可"大规模交付的稳定性"是口碑之基，但改变起来很难，是营销小闭环带动交付大闭环，还是交付大闭环驱动营销小闭环，谁在前谁在后，决定了在存量时代竞争的质量与深度。

装企的核心能力是基于用户需求的产品研发能力，再对上游工厂进行反向定制，以及让厂商将经销商改造成服务商做交付，使家装产业互联网平台提高效率，能力不断聚焦，才有机会突破大规模、稳定、品质集成交付瓶颈。未来，装企的核心能力也会做减法，现在做加法的主要原因在于行业生态链的众多服务角色、关键赋能角色不健全，导致装企自建。

那么装企如何才能回归本质，越做越轻呢？这就得摆脱自建，借助行业生态链其他方式或角色，如装配式装修、产业互联网平台等，突破大规模稳定集成交付瓶颈。

1.装配式装修的探索

受政策推动，近年来装配式装修行业呈快速增长趋势。根据住房和城乡建设部公布的数据，2019年全国装配式装修建筑面积为4529万平方米。2022年我国装配式装修面积为9200万平方米。

但比起批量精装房项目，装配式装修在C端的渗透率较低，目前多应用于中高档的精品住宅。主要是因为即便多项费用节省，但目前整体成本依旧高于传统装修方式；C端客户个性化需求多，当下装配式装修非标准化部件定制成本过高，其产品能力无法完全满足市场大规模个性化需求。

U家工场创始人李帅为解决装修效率极低的问题，着手探索及研发装配式装修产品，目前厨房和卫生间可以做到工厂预制、现场安装，普通工人稍微培训便可三天装好卫生间，通过不断迭代，如今装配式装修的成本和传统装修方式接近，他认为未来随着工业规模增大，成本还有进一步降低的空间。

在装配式装修产业链还不成熟情况下，如何做好装配式内装很关键。

有从业者认为当推行装配式内装时，就不能再旧瓶装新酒，用旧有的管理运营逻辑来推行装配式内装业务的发展。想做好装配式内装并不是用干法施工替代湿法施工、用工厂预制替代现场加工，核心竞争力是全产业链工业4.0产业信息化平台高效驱动上、下游高效、紧密、协同运作，才能做到少批量、多批次、大规模工业化的高品质交付。

装配式工业化装修跟汽车生产一样：生产智能化、装修部件化、部件预制化、安装落地化、工人年轻化、施工快速化、住宅成品化、验收标准化、服务人性化、维护简单化、质量品牌化。

无独有偶，理想前总裁沈亚楠2024年4月成功融资6.53亿元人民币躬身入局，他认为传统装修是"裁缝"，给客户定制，攒一个房子出来。他们像造车一样计算装修的 BOM 成本，即制造产品所需原料、工具和人工等的标准成本，通过从前端供应链开始全部自研做"成衣"，要求消费者全部使用其产品，像交付车一样将所有配套交付给消费者。从为中产家庭造车到为中产家庭装修，不论成败，这无疑是对装配式装修的又一次探索，所有探路者都值得鼓励。

2.行业探索与解决方案

1）非象科技的探索与核心方案

非象科技探索家装交付产业互联网平台建设，当下主要发力点是面向施工BIM落地和规模化交付的能力建设。非象科技提出一种创新家装服务理念，即"两个家，装两遍"，实现大规模、高质量、个性化交付。

"两个家"指的是实体家和数字家，而"装两遍"的第一遍是指虚拟设计和虚拟施工，依靠模型驱动数字生产线，从效果图方案导入非象自主研发的元空间，自动建模，实现快速出图算量，用模型进行线管排布、碰撞检查、施工预演等，力争在实体家施工前低成本找到设计与施工最优解；第二遍则为在线上驱动下的线下实体施工，基于最优解尽可能实现一次做对。

2）如何实现高品质个性化交付

实现高品质个性化交付关键在于五点：第一，从管交付到做交付；第二，集成交付全案落地；第三，数字生产线；第四，产业工人；第五，统一标准。

（1）从管交付到做交付——本质是经营管理

从管理工长到管理工人，从关注节点到关注任务，从关注结束到关注开始，从巡检和缴保证金到关注跨方协同，从只买主材到关注辅材，从关注管理手段到施工技术要素升级。

（2）集成交付全案落地

集成交付全案落地需要两个1对1，即需求端和供给端1对1、用户和非象1对1，以此实现全案交付落地闭环。由于管理层次太多，所以要管理集成，如家居建材范围集成、全过程集成，以及从深化图纸到运维等实现集成交付。

数字交付指技术默认的是数字技术和施工技术，包括实体家和数字家、VDCO设计、施工、运维等，模型驱动的是数字生产线，线上驱动线上，最终要实现线上一停就没法干活了，但是实际过程推进是线上驱动线下。

（3）数字生产线

第一遍是CDCO，本质是低成本寻找设计与施工平衡的最优解，数字家要能回答所有的问题；第二遍是线上驱动线下的物理实体施工，本质是在最优解指导下，适应变化的高质量施工交付。

BIM的核心是中间的"I"，是所有信息的汇集。数字家是实体家的数字孪生，可以实现对实体家的全生命周期、数字资产进行管理与互动。以后卖房子，可以卖两个家，即实体家和数字家。

模型驱动的数字生产线有四个特征，即模型驱动、网络协同、数据智能、精准指令。它能将业主、设计师、物业、各方管理者、工长、工人、质检、采购、供应商、司机等拉到云里——深化，实现线下资源最优化协同。

数字家对用户有哪些价值？数字家是用户的数字化生活助手，有三大入口：数字孪生存档资料的入口；家庭物业状态看板、运维提醒的入口；家庭物业服务的入口，可实现实体家远程控制，为用户提供更多生活场景服务。

（4）产业工人——有尊严、有钱赚、有组织等

产业工人来源于传统工人和大专院校的NGA，管理方法有两套：一是学习方林等装企的兵将分离；二是学滴滴、美团、京东等通过标签体系、积分体系、等级体系管理线下大军。

（5）统一标准——参考方林的人机料法环

材料输入、辅料都有统一的语言，将单价、工艺、辅材锁住，主材SKU和定制等不锁住，与设计师进行约定，锁住规格，不锁风格，如床、沙发，牵扯水电点位等。如何判断工艺是否要用？就是将用户的家当成你自己的家，你装不装，钱花不花，需要考虑背后的成本问题。当然施工过程中得有最佳实践，比如具体到是用三块砖还是两块砖？毕竟一条生产线很难也无法赋能所有装企。

3.商业设计规划及路径

（1）大工小工化，小工普工化

非象施工模型下工人、项目经理都省时间，降低了出错率，行业施工人才结构发生了变化。精准指令下，学生都能看懂图了，实现大工小工化，小工普工化。

工长的能力分为两部分：一是看图、识图，验收等，让发动机即巨大的云来做；二是服务类，安慰、抚慰情绪，进行物业协同等，可以交给线下管家来做。假设原来工长一年收入30万元，现在线上发动机拿走20万元，线下管家拿走10万元。原来工长干活成本是6000元，效率提升后，成本节省到3000元，省下的3000元，可以让利给业主1000元，平台拿

2000元，总的来说门槛低了，效率变高了，成本降低了。

（2）管理及服务线下平台

以城市为单元，对线下资源进行集成管理，包括材料城市仓储中心、材料预加工中心、本地交付管理中心、本地运维中心、产业工人培训中心、材料与工艺方案体验中心、部分设计师创业空间。服务线下平台，如独立工作室、家装新势力、社区店等。

以S2B2C模式全面赋能独立设计工作室，为中高端业主共同提供高质量个性化的"两个家、装两遍"服务，同时服务艾佳生活和少量高质量家装新势力帮客户成功。给小B（B端客户，通常是中小企业或个体经营者）和社区店赋能，主要集中在六个方面：营销、设计、施工、供应、运维、内部管理。

笔者认为非象这两年做对的就是干了交付，通过优化管理效率、作业效率、供应效率，降低成本和出错率，提升用户体验，挣效率和规模的钱。

（3）发展路径

第一，欲做产业平台，先自建自营，欲轻先重。

第二，做系统要向高德地图学习，成为巨头的配套服务商，如为部品企业推出的社区店服务。

第三，变成用户需求场景（如翻新、旧改、局改等）的枢纽，吸引产业链上下游自建共营，通过平台实现解决方案多元化、产品智能化。

第七章
改善装企用户体验及优化服务链

一、装企的用户体验

1.装企为什么要重视用户体验

（1）供需关系发生了变化

人找货和货找人是完全不同的概念，供需关系（产能过剩）变化让用户有了更多选择，基于此用户开始出现从产品到服务，从生存到享受，从标准化到个性化，从物质满足到价值认同等行为转变。

用户的这种转变和零售业发展阶段密切相关，零售业大致可以分为三个发展阶段：第一，产品为王（供不应求，生产效率）——产品切入（国有糖烟酒企业改制）；第二，渠道为王（供大于求，链接效率）——渠道切入（中石化便利店）；第三，用户为王（供需不匹配，匹配效率）——用户切入（拼多多小店）。

（2）人与人连接方式变化

人与人的连接方式有如下两种变化。一是线下服务日益完善，人们交互频繁，购物中心从购物型消费转向体验型消费，如胖东来。二是社交网络发达，信息高效传递，人们的情绪相互影响。

商业中心1.0版本，以购物为主，家乐福、沃尔玛、苏宁、国美是那个时代的流量密码。后来电商渗透率越来越高，购物不需要跑腿了，商业中心进化到2.0版本，以生活、娱乐为主，重点打造餐饮、亲子、影院、运动健身等业态。如今为了突破增长瓶颈，商业中心正在向3.0版本演化，构建以文化、审美、体验为主的新业态。最终人们不只为了购物而来，也不是冲着网红店而来，而是为体验而来。

（3）家装行业服务属性的进化

由于经济情况、市场环境、竞争关系、用户需求等变化，倒逼装企不断提升竞争水平。家装行业属于服务业，当你的服务比竞品好一些、更专业一些，在装修过程的各个关键节点能给用户提供个性化、有温度的体验，让其感知到你的好，就更容易赢得信任和青睐。

农业经济（种咖啡，驿站）、工业经济（相当于咖啡豆，招待所）、服务经济（标准咖啡店，经济型连锁酒店）、体验经济（星巴克，亚朵等）这四种经济业态像马斯洛需求层次理论中的金字塔一样，虽然在大的时间周期内都会并存，但竞争力、经济价值和影响力是逐渐提升的。

2.装企的服务与体验

（1）服务和体验的区别

服务通常以任务为中心，更偏向于标准化，往往很难超出用户预期。体验是以角色为中心，更偏向于满足用户个性化需求，能带来愉悦、欣喜、惊喜等情绪价值，附加值高，用户感知好。这种基于场景化的服务能给用户提供超预期的体验，也能沉淀品牌认知。

酒店行业服务与体验案例：

服务：比如你口渴，服务员能够快速地给你拿到一瓶水，服务是提供标准化的产品，容易复制。体验：晚上酒店会给你送一份晚安牛奶，当你离开，酒店会给你送一瓶离店暖心水，水温恰好是40℃。体验是把不同的服务做成不同的场景，在不同的场景中添加元素。

迪士尼有一句名言，三流的企业卖产品，二流的企业卖服务，一流的企业卖体验。嘉悦天盛装饰坚信"同行能做到的叫义务，同行做不到的才叫服务，超越服务预期才是体验"，所以把"好的客户体验"作为他们发展的指北针，希望能通过"极致的设计、极致的服务和极致的口碑"成为客户体验最好的空间设计机构。

（2）用户的最终感知是体验

如果把家装看成产品的组装及制造，工地交付有标准化的配件，也有个性化的定制部件，那么用户体验还有必要吗？

笔者曾在爱空间讨论过这个问题，从用户洞察到千人千面的终端呈现，从签约到交付，部品从工厂到用户家里集成……细拆之后就剩数智化和各种服务了。但数智化只是提升运营效率，很多环节还是靠人一对一或一对多的服务才能落地。首先用户要的是服务，包含什么内容，不含什么内容，施工做得怎么样，其次关心的是价格，但最后评价服务好坏和决定口碑的还是体验。

不管是大产品，还是长服务，或是服务＋产品，都是装企给用户交付美好家的企业自己的定义，跟用户最终的需求不一定匹配。产品驱动的装企即便标准化成熟，但套餐不够好，最后的装修体验也不一定好；服务驱动的装企若服务到位，即便运营效率不高，最后的装修体验也不见得就差。无论是产品、运营还是服务，用户能最终感知的是体验。

对做大众市场的整装公司而言，核心竞争力是综合效率；对做高端市场的大宅别墅设计公司来说，核心竞争力是用户体验。

（3）亚朵对装企的启发

传统连锁酒店经营的是房子、空间，给用户提供标准化服务，亚朵这类人文酒店经营的是生活方式，通过个性化服务给用户带来好体验；传统家装公司经营的是设计、材料，新型的家装公司经营的是用户体验和生活方式。

案例：亚朵服务方法论

①峰终和触点。亚朵根据峰终体验的逻辑，将服务细化为17个触点来细化运营。

②服务产品化。基于服务的17个触点，共形成四五十个服务产品，将服务产品分为三个等级，即基础级服务、个性化服务、定制级服务。基础级服务，人人可以享用；个性化服务是根据顾客需要，做出一些个性化的产品，这个服务对顾客有分层，比如金卡会员、铂金会员；定制级服务，按顾客提出的需要定制服务，需要顾客额外付费或通过积分兑换。

③标准个性化。早期的铂金会员入住亚朵酒店时会收到手写欢迎卡和绣有其姓氏字母的定制拖鞋，虽然酒店仓库只是按照一定配比把20多个字母拖鞋全部准备好，但顾客感受到的是定制服务。

④全员授权。工作人员有500元额度或减免一天房费的权力，用于解决用户反馈问题时提出的合理需求。

⑤行为反馈的监督闭环。差评不过夜，过去酒店行业用户体验整改以周为单位。任何客人的问题、差评，当天就要都解决到位，基本事发后2～3个小时内解决好问题。

⑥体验监督。每位亚朵的总经理每天早晚6点收到一份好、差评单，其要写出差评出现的原因及如何整改。每天执法，全年无休。

借鉴酒店发展的路径和亚朵的启示，家装公司大致会经历三个阶段。

家装1.0是设计落地及1∶1还原。对全案设计来说始终在追求个性化设计落地；对整装而言先是无设计或弱设计的材料拼接，后是产品一体化研发，能提升设计颜值并落地。

家装2.0是服务标准化。弱化了依靠设计师的能力签单的问题，适用于大众市场，但缺乏灵性和足够多的选择性，亚朵的服务方法论值得借鉴。

家装3.0就是生活方式体验。如爱空间的十二种生活方式，后来升级为Magic、Home两款整装产品，分别对应满足实用主义、品质主义，尽管还不完美，但已能够满足部分用户对实际生活需求和美好生活的憧憬。

这三个阶段在同一市场可能同时并存，但占比不一。另外，家装2.0服务标准化是家装3.0生活方式体验的基础。

3.用户体验与口碑

（1）家装用户体验要素

家装用户体验要素是由抽象到具体的过程，可分为五层，即战略存在层、能力圈范围层、资源结构层、角色框架层、感知层。

用户体验五要素

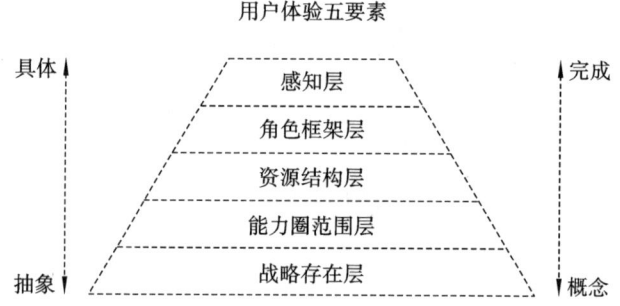

①战略存在层就是确定家装用户通过我的产品能得到什么，为什么是通过我的产品，如何让家装用户信任或依赖我的产品。

②战略存在层的外延就是能力圈范围层，即我的产品能为家装用户解决哪些问题，能否为他们提供标准化、个性化、定制化产品。

③资源结构层支撑能力范围，同时服务于战略。有时一个目标会对应多种需求，因此要对家装用户需求权重做优先级排序，如房子定位，是做婚房还是做养老房，想要营造怎样的生活场景，得考虑满足家装用户的表面需求、根本需求还是潜在需求。

④角色框架层，指的是家装用户在生活中是爸爸、妈妈、儿子、女儿、爷爷、奶奶等角色；职场上是体力劳作者、知识工作者、企业管理者；按照社会角色功能分为医生、教师、律师……据此多维度来确定不同角色框架层的需求。

⑤感知层是最外一层，但同时也是家装用户直接触达的一层，这一阶段主要解决并弥补产品给家装用户的感知及呈现问题。例如一提起装企品牌名，用户想到的是什么，是设计棒、品质优、服务好还是性价比高。

（2）怎样提升用户体验赢得口碑

①基于第一性原理做好用户体验。

体验好了，口碑一定不会差。装企在设计产品时，要明确用户要的是质量放心和过程舒心，在这个基础上用价格筛选目标用户，再用极致性价比打造产品力，才可能实现装企和用户的双赢。找到自己的"1"，围绕这个"1"来做好用户体验。

"1"指第一性原理，源于古希腊哲学家亚里士多德的哲学理念，"在任何一个系统中，存在第一性原理，是一个最基本的命题或假设，不能被省略，也不能被违反"。所谓万变不离其宗，抓住了这个根本，你才能跳出形式的束缚，在快速变化的世界中得以生存和发展。

家装需求端不变的"1"是用户体验，好体验才有好口碑。目前，家装产品化进程中，服务属性仍占主导，产品包括服务力、产品力，去服务或弱服务基本是面向出租房市场，但主流家装市场一定是基于交付承诺兑现的用户预期管理，并能以良好的用户体验实现用户运营。

供给端不变的"1"是建立相对竞争优势，可能是设计、营销、交付、运营、管理等其中一个或两个，基于需求端的"1"建立供给端的"1"才可持续。如果供给端的"1"是更高效率，要注意，需平衡好用户体验，因为企业效率的提升可能会导致用户体验变差，不断优化运营中的损耗，不断让各项销售转化率更高，也可能导致用户体验被稀释。所以运营效率更高是有前提的，就是基于用户体验下的效率提升。当然，刚需、改善、别墅等客群对体验的感受不一样，效率和体验之间的平衡点也就不一样，需要装企自行调整。

装修行业本身的重交付属性决定了供给端的"1"一定要建立在需求端的用户体验基础之上，这和餐饮的轻交付、简单交付有很大区别。这就是一些装企运营效率不高，即变动费用和固定费用较高，但仍有较好的用户体验的根本原因。一定要理解这个行业中的"1"到底是什么，以及两个"1"（供给端和需求端）之间的辩证关系。

②装企大店跟温泉度假村学体验。

以笔者曾去过的清水湾温泉度假中心为例，从一楼到六楼吃住玩一条龙，进去了可以不用出来，体验很好。既有核心主打产品——泡温泉、蒸桑拿、水疗；有可选服务——搓澡、足疗、SPA；也有免费增值服务——影院、儿童游乐园、汗蒸广场、适配性体验活动（端午包粽子）、驻唱和节目表演；还有客房和各种美食留住游客。人不少，带小孩的家庭居多，客户体验整体还行。

从这里可以看到装企大店更多的模型：已经有的模型——中低端整装＋中高端定制＋选材软装馆，如全包圆＋业之峰＋峰格汇；企业文化区＋儿童游乐场＋咖啡吧＋洽谈区＋工艺区＋生活样板间＋选材区，如爱空间北京旗舰店。

4.家装用户体验地图

家装用户体验地图就是通过画一张图，以一种讲故事的方式，从一个特定用户的角度出发，记录用户与产品或服务进行接触、进入、互动、结束的完整过程。

用户体验一个事物或产品之后，能记住的往往只有峰值与终值时的体验，而整个过程中时间长短，每个节点好与不好，用户记忆或者感受对体验的影响不大。

（1）明确用户家装体验关键节点

①用户装修阶段。用户在整个装修中的阶段可划分为初次接触、预约阶段、展厅体验阶段、设计阶段、交付阶段、售后阶段等。

②用户想法。即用户在装修过程中每个阶段每个行为的想法，比如要花多钱来装修，这个价格有哪些可选套餐风格，减项或者升级是怎样的，装修时间是多久，售后服务保障是怎样的等。

③用户行为。即用户在每个阶段中基于装修相关的行为，需要把每个阶段的用户行为通过流程步骤标识出来，形成一个整体的闭环。这些行为是涉及产品本身的行为，以及和产品有关系或者会影响到整个装修的行为。

④用户体验情绪。即在整个服务触点中用户的情绪是如何变化的，把用户在每个阶段、每个行为的情绪点用线连接起来，洞察用户在整个流程中的哪个地方是舒适的，哪个地方无感或厌恶，进行快速定位和具体分析。需注意的是体验不是某一个单一问题的解决方案，而是一套可循环验证、持续优化的全面管理体系。

（2）探寻家装用户体验感受

在装修服务周期中，用户的心情可能是不断波动的，通过分析用户在每个过程点的感受，用户体验感受可分为五个层级：糟糕、不舒服、一般、舒服、愉悦。不同的体验感受层级，用户有不同的反应和举动。

糟糕：某些举动严重低于用户的心理预期，触碰了其底线，此时用户有极强的批评等情绪化举动，甚至可能产生投诉等过激行为。

不舒服：某些举动稍低于用户本身的心理预期，导致其质疑、畏难情绪，但用户的情绪尚且可以控制和疏导。

一般：某些举动接近用户的心理预期，认为正常情况下就是这么做的，没什么特别之处，也没有被用户特别关注和留意，印象不深，不会产

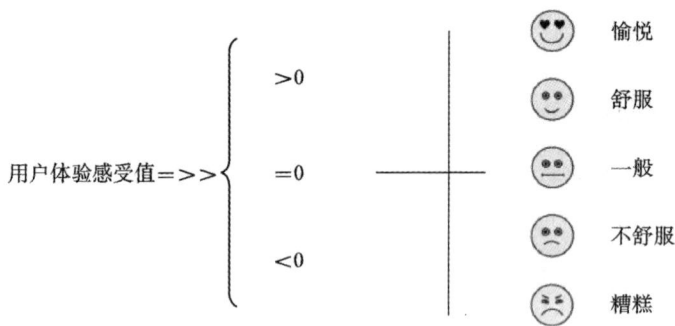

用户体验感受值

生正向或者负向的评价。

舒服：某些举动高于用户的心理预期，出乎意料，用户感受良好，比较满意，容易给好评并分享。

愉悦：某些行为远远超出了用户的心理预期，给用户制造了惊喜感，用户瞬间产生兴奋、称赞、感谢等举动，此时用户有分享感受、展示幸福感的欲望和冲动，也叫用户的峰值体验。

（3）根据用户及业务绘制用户体验地图

①适合装企的"用户体验地图"。适合装企的"用户体验地图"分为两个层面：一是用户使用产品的服务全流程图，完整呈现用户的服务体验流程；二是用于支撑用户服务体验的业务流程，包含岗位角色、部门职能划分、岗位衔接标准等。让装企所有人都有全局作战的共识，打造以用户服务体验为主线的流程性组织，从根本上打破部门之间的隔阂。

②绘制用户体验地图。横轴为预约阶段（初次触达产品宣传、电话预约、上门了解）、展厅体验阶段（店面形象和位置、公司及产品介绍、需求沟通、产品体验、初步方案沟通、产品预定）、设计阶段（上门量房、方案确认、合同签订）、交付阶段（施工交底、材料备货、工地保护、前置工序准备、瓦工施工、一期验收、油工施工、主材安装、定制品安装、

软装家具安装、拓荒保洁、竣工验收、支付尾款）、售后阶段（回访用户、记录问题、解决问题、后续追踪回访）、入住阶段（适配性反馈）。纵轴为用户体验感受五个层级，即糟糕、不舒服、一般、舒服、愉悦。

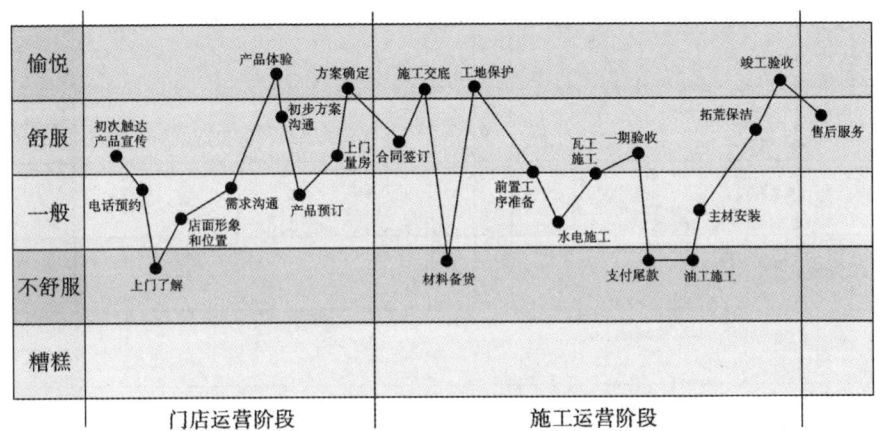

装修用户的体验地图

③有了用户视角的用户体验地图概念之后，需要对应做出服务蓝图，即调整资源以及配置每个接触点的关键角色用来完成任务或服务。但是企业的资源是有限的，不可能在所有点都达到用户预期。因此要注意的是，在服务蓝图上合理配置资源来制造用户体验，使用户拥有一个美好的峰值和令其回味的峰值体验，并且全程不突破用户的底线。

④找到用户痛点和产品机会点，优化用户体验。根据用户体验变化主动寻找每个阶段的用户行为差异，探寻产品可能存在的新方向、想法及服务。在整个装修过程基于用户的装修阶段、行为、想法、感受等，分析挖掘用户体验的痛点、家装过程及产品薄弱的地方，重新审视用户体验地图并改善服务及业务流程。

（4）装企用户体验地图应用

用户体验地图适合做口碑的五个节点分别是线上预约、到店、合同、施工和竣工后。

153

　　如下图所示，门店运营阶段，用户在产品体验环节体验最好，但不适合做口碑运营，原因是信任还未建立。启示就是，在确认方案后——要口碑；在签合同后——做口碑。

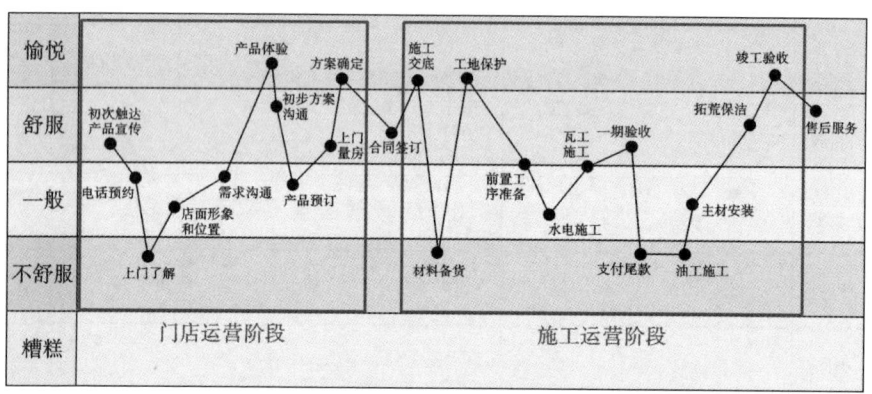

　　运营用户做口碑的过程分为两步：第一步是进行利益引导；第二步是兑现承诺。

　　方案确定后，签合同前的环节是用户信任度高，认可产品、认可公司、认可方案、认可服务人员的最佳时机，也是做口碑的最佳时机，此时也是门店运营阶段最关键的一环。其次，施工阶段客户经理和设计师运营就比工程少了，但先入为主，用户信任他们，可以在施工阶段持续运营产生推荐量，继而产生口碑值。

　　门店运营阶段，重点是做口碑内容的转发量。后期的施工及售后服务也是用户最关心的，关键是兑现承诺。最后就是做引导转发，以下引导转发语可作参考。

　　转发语一：×月转介绍口碑福利升级啦，如果您身边有朋友需求咨询装修的话，麻烦您推荐给我，您朋友只要到店来找我咨询装修，我就给您邮递一个百元礼品或者发百元红包，如果您朋友也选择我们，我也会给您邮递小米扫地机器人、小米智能锁等千元礼品一台或者直接发千元红包。

感谢您的分享和介绍。

转发语二：您介绍的朋友，我一定会安排VIP特权服务，公司也特别重视老带新用户的服务体验，安排了6个特权服务，您也可以把6个特权服务告诉您朋友，让您朋友到时候验证一下是不是享受到这个超值服务。

二、装企用户体验关键节点优化

1.签单节点优化示例

（1）优化接待体验

先看一个华为接待得到团队的案例：

得到团队应邀去华为北京研究所参观，令他们感慨的不是逆天科技，而是华为一流的接待流程。如卡点式的迎接和送别；展厅的欢迎横幅，放置衣物的架子便于来访者轻装上阵参观；拍照C位提前规划好，来访者只需依次站好，既方便取景，又提高了效率；电子显示屏背景清一色是得到的橙色及大logo；茶歇室交流，除了名牌还有先前合影的相框；到访者衣物随参观场所的变化而同步；离开到门口时司机卡点停稳。

类似的接待体验还有金螳螂，他们认为接待也是一种生产力，在业界有口皆碑。让用户感受到超出期望的体验，装企需从细节优化接待方式。所有接待细节向到访者展示的不只是热情友好，还有工作的深度和专业度，让对方认为你值得合作。

（2）赋能方案设计

①快速出设计方案，设计方案制作的效率会影响到用户的体验和签单意愿。首先，出图的快慢会成为用户判断装企专业能力的一个指标；其次，用户可能同时询问几家装企，会通过对比出图的速度和质量，进行初

步筛选；再次，出图过程中是否站在用户角度考虑问题，也是赢得其信任的关键。

所以设计方案要快、要好、要契合用户的需求。其一，设计构思要在勘测沟通过程中完成七成，胸有成竹，出图自然会快；其二，有条件的话要利用工具，如量房神器、知户型等可快速生成户型图和初步方案图，不用画CAD图。

只要设计师真为用户考虑，并体现出自己的专业性，是能取得初步信任的。有了这个基础，之后详细的硬装乃至软装设计方案的沟通就会相对容易。

②平衡好品质与价格的关系，对功能、布局、动线、效果、收纳等进行综合设计后，就有了相对具体的装修方案，接下来最重要的就是品质和价格的权衡。

品质体现在两个方面，一是材料本身的品质，二是家装方案作为整体产品的最终呈现。前者是相对的，用户对不同建材品牌的感知度不同，重要的还是其本身的性价比，随着家装作为建材渠道的比重提升，有一定规模的装企能够以远低于零售的价格定制产品，如瓷砖、床垫等，可以通过让利给用户提升转化率；后者重在整体性，尤其是主体色的统一，如木门、定制家具、踢脚线、成品家具、橱柜、浴室柜等保持整体风格一致，能提升产品颜值和整体质感，提升用户交易意愿。

价格是基于品质的，在品质得到用户认可的情况下，其价格的变动空间就会放大，因为用户觉得值；反之，用户会从材料成本的角度核算价格，总觉得你挣得多，迟迟不做决定，要货比三家，尽可能压价。

（3）制作排雷手册

量房是用户装修服务的开始，目前市面上有两种量房服务：一种是免费设计，就是装修方案出来后再签合同；另一种是先交装修预约金，再做量房设计。其中第一种用作获客引流最普遍。

因为装修工序大多是不可逆的，这就要求设计师在量房的时候一定要对全屋进行仔细排查，对于存在异常非标的空间，需要重点记录下来，以防止后期方案的偏差，这也是很多装企后期被投诉的问题点所在。这里所说的排查，针对的是空间出现的异形、尺寸偏差、原始结构缺陷等问题。

①家装行业问题率高的原因。

在装修量房过程中，设计师总会遗漏一些空间问题点，成为装修后期用户的投诉点，主要有以下几个原因：a.设计师经验不足，细节考虑不周出现纰漏；b.存在空间缺陷，需要增加额外的费用，但设计师担心单子没法成交，故意隐瞒；c.设计需求没有跟工程交付口讲解清楚，后者仍按照经验施工，导致出现问题。

②常见的需求排查点。

室内设施：燃气表、入户门、水表、暖气表气压、窗户开合。

水路问题：下水管道、出水点、地暖分布、原始防水、楼上防水、阳台窗户密封度。

电路问题：入户电路、强电箱、弱电箱、电路分布。

墙面问题：墙面平整度、墙面素灰、承重墙和轻体墙、墙面空鼓、墙面开裂、墙面垂直度、门洞宽高。

顶面问题：顶面平整度、顶面横梁。

地面问题：地面平整度、地面坡度、地面裂纹。

电器问题：空调出风口、燃气出风口、电器点位。

最好将常见的"排查"点以图文并茂的形式做成"排查手册"，可以作为设计师的参考工具，引导经验欠缺的设计师逐项进行排查，提前规避风险，也方便检查；此外也能让业主直观感知到装企的专业性，增强其对装企的信任感，提升销售转化率。

2.施工交付体验差在哪里

（1）交付质量问题

材料：虚假宣传问题，主要是实际使用的材料品牌和档次与宣传或样品不符。

工艺：用户对每个工艺步骤了解有限，通常在交付或入住后发现装修质量问题，比如墙面开裂、水电管网布局不合理、防水不彻底、功能区预留空间不足等。

一般工业产品必须经过质检，符合一定标准才能出厂，但当前家装的检查和品控很多都流于形式，主要原因有三个：用户不懂，交付验收时装企相关人员可能遗漏或掩盖问题；装企验收标准差异大，或缺乏有效监督，验收时不按既定标准；责任不清晰，即便发现问题，也能互相推诿。

（2）交付周期问题

按期保质保量完工，体现的是装企的系统性管控能力。设计师签单不规范导致施工延期，或因非不可抗力因素导致不能按期完工，用户就会质疑装企的能力，一旦产生信任危机，用户就会变得挑剔，一些小问题就会被放大。

（3）现场卫生问题

施工工具是否放在工具箱及指定位置；是否配备各类清扫工具及保持工作区域干净整洁；是否每天坚持清扫垃圾。混乱的现场会让用户觉得你不专业、不靠谱，进而对你不放心。

（4）进度汇报问题

通过图片、视频、直播甚至实时监控等形式，让用户能跟踪各个关键节点（如施工进度、节点验收、问题处理等）的进度，云监工有掌控感，如果有问题也能即时反馈，做出调整。

（5）问题整改

如果发现问题，处理问题的态度和能力会直接影响用户的体验。另外，施工时要用户确认签字，否则容易出现扯皮，如业之峰一个售后案例，因为吊顶施工没有用户确认签字，导致出现了增项或变更扯皮，一方说确认了，一方说不知情。客户让拆了复原，最后双方都有损失。增项问题也是家装的顽疾，通过挖坑埋雷增项提升客单价，存在"绑架"用户的嫌疑，所以除非用户自己提出，否则开工后应尽量避免增项。

对于用户来说，交付是对前端承诺的验证，如果出现明显的质量问题和与当初承诺不一致的地方，用户对装企的信任度就会大打折扣，之前的期望越高，当下便失望越大，体验就会很差。此时，如果装企态度好，愿意负责整改，还有挽回的余地，反之用户可能自认倒霉，也可能传播负面情绪、发泄不满，口碑和转介绍就更谈不上了。

3.建立多层次多阶段交付验收体系

（1）交付验收

鉴于硬装施工很多环节不可逆，所以在施工过程中，要加强质量监管，可分段验收，多层次验收，及时处理。若发现问题，能第一时间定位责任人，快速处理，不能等用户不满意了再处理问题。

①工人自查：材料对不对，够不够，施工结果是否符合验收标准，装企应该统一验收标准和自查手册。

②项目经理检查：要与项目经理提成挂钩，出现问题其要负连带责任，督促项目经理对交付结果负责。

③监理巡查：自有监理或引入第三方监理，尽可能根据既定标准客观检查，监理同样应负连带责任。

④项目总监抽查：品控很重要，高层发现问题应考虑从体系上修正。

以上各层级发现问题都应第一时间反馈到特定群组，找到责任负责人，调集资源立即整改，后续再做相应考评。若能杜绝明显影响用户体验的问题发生，用户的体验就不至于大起大落，出现问题也相对容易弥补。

（2）监理验收

①内部监理的问题。

在S端下面有工程质量监察部，主要做两件事情：一是对工人进行培训，颁发产业工人证书（联合培训机构颁或自己颁），每个人收取一定费用或者不收，利于客户上门转化，成为销售工具；二是工地抽检罚款，罚上来的钱用于奖励先进，但也容易出现没钱可奖、奖罚不分明的情况。最后发现，这个部门就是为了创收，在工程质量的监管上很无力，抓手不灵甚至没有抓手。

如果全国店面很多，工地顾不过来，抽检对质量把控有限，监管就会流于形式，基本等于没有。这个部门的意义又在哪里？店面不认罚的关键是什么？觉得不客观？觉得是抽查，别的店面估计也差不多，自己只是倒霉？觉得就是为了罚钱？觉得赋能很有限，都不挣钱还罚钱？如果没有惩戒机制，都不缴纳罚款也没有办法。

②第三方监理的问题。

监理机构参差不齐，部分监理职业素养不高，验房不够客观，如陪客户去验房，建筑国标规定墙面有8毫米的误差，而装修只有2毫米误差，为向客户彰显负责的精神和专业水平，非得吹毛求疵，说装修有问题。如果是国标超标严重，监理能考虑实际情况客观验房，有理有据，那么谁也无话可说。

③监理服务是否必需。

家装监理市场还在教育，中低端可能不需要，市场教育成本很高。如果只是靠监理服务则很难盈利，另外家装公司将监理服务作为获客手段和增值服务赠送给客户，基本没啥效果。

做了监理服务，就得先考虑四个问题：面向C端怎样解决流量问题？

公司监理服务的定位是怎样的？监理服务前置还是后置？验房公司推出监理服务如何竞争？

笔者认为可以从四个方面进行优化：第一，产品线太多，各类客群都有，得有一个清晰的定位，比如做别墅客群的监理服务，产品跟低端监理服务肯定不一样，如拆改墙、结构改造等；第二，定位清晰后，集中资源深耕这个细分市场，也能集中力量统一宣传；第三，要加大信息化投入，信息化＋人员合理配置，提高效率；第四，帮装企赋能，如某装企经营小组，装修管家是促进服务质量提升和客户转介绍。

三、装企服务链优化

家居家装消费可以分为五条：一是了解装修家居等知识，二是装修服务，三是家居定制服务，四是买装修材料家具服务，五是安装售后维修等服务。其中，第一条可以在线上完成，其余都需要接受线下服务，尤其是装修服务和家居定制服务需要线下沟通，后续的量尺、施工、安装等环节可以不接触，但整个售前签约还是得线下完成。

如果不与用户见面想要完成第二、第三条，需要满足以下条件：品牌足够强，用户的指名性购买强；产品和服务足够简单，并对用户的生活需求满足能力强，沟通成本低；产品及服务口碑好，转介绍用户多；公司组织架构和运营与上述目标相匹配；行业成熟度高，交付标准化程度高，相关法律法规健全。

装企服务链优化五大关键节点如下。

1.预约阶段（家装顾问）

体验流程：了解产品（产品服务、产品套餐、服务流程）；对比服务口碑；预留电话和装修意向；家装顾问电话产品讲解和上门邀约。

关键工具：产品官网（PC端、移动端产品官网等）；线上口碑管理（线上店铺、抖音、小红书等）；产品介绍获客落地页面；装修小程序（详细了解产品服务细节）。

2.展厅体验阶段

体验流程：到达指定的门店位置；客户经理整体介绍公司及产品；展厅体验，了解装修细节（效果设计质量、材料品牌质量、施工交付质量、服务保障情况）；装修方案讨论沟通；设计量房预约下订。

关键问题：公司装修实力怎么样？设计好看吗？材料质量好吗？施工交付可靠吗？服务配套有保障吗？怎样简洁明了地知道产品套餐包含了什么？分别是怎么服务的？公司的装修产品套餐是否能满足我的需求？为什么要交预约订金？为什么要交×××元？

关键工具：门店位置导航说明（小程序门店位置导航）；公司产品介绍工具（装修服务小程序二维码展板、客户经理内置用户案例）；装修施工阶段3D展示沙盘（空间保护和检测评估内容、水电施工和隐蔽工程、主材安装内容、定制品内容、家具内容）；产品套餐说明折页（配置报价表、官网端、产品核心价值点提炼、新老房套餐、局改套餐）；用户案例库（设计效果案例库、用户施工案例库）；交定金；送装修礼品。

3.设计阶段（设计师、客户经理）

体验流程：现场量房沟通；设计方案确认；签订装修合同；现场施工交底。

关键问题：现场量房需要注意哪些事项？设计方案确认沟通不满意怎么办？产品报价方式怎么优化？个性化产品怎么融合？小户型和大户型装修产品怎样分割的？性价比到底如何？设计师实际方案能力怎样提升？

关键工具：设计师服务贴士（装修前准备事项说明海报、装修中设计服务）；设计师设计工具包（家具尺寸规格参考包、家电尺寸规格参考包、软饰搭配选择参考包、模块设计方案参考包）；岗位手册。

4.交付阶段（工人、管家、项目经理）

关键工具：3D施工展示系统；施工交付服务贴士、装修前准备事项说明海报（地暖、封阳台、墙体拆改、新风系统、前置过滤器、防护网）、装修后准备说明事项海报（房屋保养说明书、家具保养说明书、附带购买说明）。

交付阶段的施工服务如下。

（1）施工交底阶段

关键目标：承上启下，打通前后端衔接，为效果的实现做好充分准备。

关键步骤：服务群创建交底邀请函，发起交底；管家做施工计划排期；交底准备（用户交付工具、手册类标准工具、工地张贴物料、交付档案手册）；现场交底团队介绍（管家、项目经理、橱柜设计师、室内门测量师等自我介绍）；正式交底（设计交底、施工交底、橱柜方案确认、室内门方案确认及后期装修配合事项）；开工仪式（开工仪式朋友圈宣传、管家工作台播报）。

关键问题：有没有现场与用户沟通清楚，把装修方案交代明白。

关键工具：服务群；现场物料；管家工作台；朋友圈；小程序用户中心。

关键策略：做好充分的准备，现场把施工方案沟通清楚、明白，管家做好工作台播报的第一步。

（2）施工准备阶段

关键目标：做好施工准备，完成拆改，做好保护。

关键步骤：完成拆除改造，完成室内室外基础保护，完成安全用水、用电保护，安装猫眼钥匙盒，安装卫生间小便筒，放置室内灭火器，标准工具箱放置，施工材料备货（水电料、瓷砖），项目经理做拆改播报（自己做拆改的情况下），项目经理做安全保护播报，管家验收拆改与安全保护。

关键问题：拆改施工主体（自己做/第三方做）是谁？施工现场是否干净整齐？施工现场安全保护是否到位？是否可以避免施工破坏用户房屋物品？

关键工具：拆改标准价格清单，拆改第三方联系方式，安全保护装置与物料，项目经理、管家工作台。

关键策略：规范拆改施工主体，对第三方施工人员和价格进行规范与确认；工作台及时播报，管家做好验收。

（3）水电施工阶段

关键目标：安全用水、安全用电。

关键步骤：项目经理新建水电节点播报，项目经理水电材料到场播报，项目经理日常施工播报，管家巡检、节点验收播报。

关键问题：有没有做好水电施工，隐蔽工程质量是否达标？有没有做好闭水试验，有没有通知用户？

关键工具：水路（开槽机、热熔机、打压机），电路（开槽机、万用表、摇表、穿线绳、弯簧），管家、项目经理工作台。

关键策略：项目经理按照标准施工工艺施工并播报，管家按照验收标准验收并播报，培训新工艺、普及新工具。

电路施工流程：定（参图定位）—弹（弹线）—开（无齿锯开槽刨沟）—布（布管穿线连接）—缠（焊锡包缠）—距（强弱电线间距合格）—测（测试）—成（安装成活）。

水路施工流程：定（看图定位）—开（弹线开槽）—布（布管）—固

（焊接固定）—测（打压测试）—成（成活）。

施工口诀：五路四色改进家，穿管护套不漏线。强弱电线有间距，横平竖直墙边走。左零相为上接地，开关插座方便她。

（4）防水施工阶段

关键目标：全屋防漏。

关键步骤：项目经理新建防水节点播报，项目经理进行防水材料到场播报，项目经理进行工地养护间歇播报、闭水试验播报，管家防水节点巡检与验收。

关键问题：管槽内是否刷防水涂料？卫生间门口是否做挡水沿？管根和阴角处是否做防水加强处理？有没有做闭水试验××小时？

关键工具：弧形抹灰刀，管家、项目经理工作台。

关键策略：项目经理按照标准施工工艺施工并播报，项目经理及时进行闭水试验的养护播报，为用户同步信息，管家按照验收标准验收并播报，培训新工艺、普及新工具。

防水施工流程：清（基础清理）—抹（找平抹灰）—刷（涂刷第一遍防水涂料）—刷（干燥后涂刷第二遍防水涂料）—验（××小时闭水试验）—成（成活）。

施工口诀：基层清净好干活，墙根管根做弧坡，要想防水不渗漏，墙根管根多刷遍，防水纵横刷三遍，门口必做返水沿。

（5）瓦工施工阶段

关键目标：瓷砖防脱落、保证二期款缴纳。

关键步骤：项目经理新建瓦工节点播报，项目经理进行瓦工材料到场播报，项目经理进行工地养护间歇播报（地平、卫生间回填），项目经理进行日常施工播报，管家巡检、节点验收播报。

关键问题：解决瓷砖空鼓、脱落问题，美缝资源规范化、标准化（明码标价），瓷砖黏合剂标准化（明码标价），做完地平和回填后工地养护阶段有没有将信息同步给用户。

关键工具：空鼓锤，红外线水平仪，水平尺，震动器，管家、项目经理工作台。

关键策略：项目经理按照标准施工工艺施工并进行播报，项目经理及时进行工地养护播报，为用户同步信息，管家按照验收标准进行巡检与验收，培训新工艺、普及新工具，瓦工节点直接影响二期款的收缴，所以对于瓦工施工一定要以高标准来要求，各方面都保持最好的状态。

瓦工施工流程：选（选砖）—泡（泡砖）—理（基础处理，如找方、凿毛、拉毛）—冲（冲筋）—挂（挂线）—排（预排）—粘（粘砖）—清（清理）—勾（勾缝）—成（成活）。

施工口诀：选排等于美，浆满少空鼓，放线是基准，认真不返工；如遇L砖，先打孔，后裁切，永远不做回头活。地漏要做回字型，四边下水流干净；打地坪记配比，平整小于三毫米；要想瓦工没难题，请把口诀记心里。

（6）木工施工阶段

关键目标：吊顶抗裂。

关键步骤：项目经理新建木工施工播报，项目经理进行木工材料到场播报，项目经理进行日常施工播报，管家巡检、节点验收播报。

关键问题：吊顶是否开裂？有没有使用轻钢龙骨？有没有使用特色工艺？

关键工具：射钉枪、切割机，管家、项目经理工作台。

关键策略：项目经理按照标准施工工艺施工并进行播报，管家按照验收标准进行巡检与验收，培训新工艺、普及新工具。

木工施工流程：放（看图放样）—弹（弹线）—打（打眼）—装（安装主龙骨）—调（调整水平）—装（安装副龙骨连接）—调（调整水平）—验（检查验收）—封（封面板）—固（固定自攻螺丝）—成

（成活）。

施工口诀：先放线后打眼，下膨胀螺栓，主骨阴阳挂吊件，平衡受力不偏边。封面板有正反，底板要托侧面板，回字吊顶上面板，直角必做整板套，板面接头留梯槽，防止裂缝跑不了。

（7）油工施工阶段

关键目标：墙面抗裂。

关键步骤：项目经理新建油工节点播报，项目经理进行油工材料到场播报，项目经理进行工地养护间歇播报（砌墙抹灰、墙面干燥），项目经理进行日常施工播报，管家巡检、节点验收播报。

关键问题：墙面是否开裂？是否按照标准工艺进行施工？墙漆色调与设计图是否一致？壁纸、壁布第三方资源是否标准化、规范化？油工节点的工地养护播报是否同步给用户？

关键工具：无极喷涂机、打磨机、阴角滚筒，管家、项目经理工作台。

关键策略：项目经理按照标准施工工艺施工并进行播报，管家按照验收标准进行巡检与验收，墙漆调色需要设计师参与，与设计方案保持一致，培训新工艺、普及新工具。

油工施工流程：查（基层检查）—刷（界面剂涂刷）—理（石膏处理）—正（阴阳角周正处理）—磨（打磨局部修正基层腻子）—整（腻子修整）—磨（打磨处理）—刷（底漆涂刷）—刷（基层面漆涂刷）—成（成品保护）。

施工口诀：批刮腻子，宜薄不宜厚，做工慢了等于快，棱角见功夫，打磨显水平，涂刷交答卷，分色见高低。

（8）主材安装阶段

关键目标：量体裁衣，规范安装。

关键步骤：项目经理进行主材到场播报，项目经理进行主材安装播报，各主材安装流程（集成吊顶、橱柜、木门、地板、卫浴测量安装）标准，管家进行主材安装巡检与验收播报。

关键问题：主材安装有没有安装在合适的位置？主材在安装过程中有没有出现损坏？

关键工具：主材安装工具，管家、项目经理工作台。

关键策略：项目经理按照标准施工工艺施工并进行播报，管家按照验收标准进行巡检与验收。

（9）定制品阶段（可选）

关键目标：定制品方案落地。

关键步骤：需求沟通，现场测量，方案沟通，下单制作，现场安装，验收。

关键问题：定制品是否与合同保持一致？定制品安装过程中有无损坏？定制品安装效果是否符合用户期望？

关键工具：定制品安装工具，管家、项目经理工作台。

关键策略：项目经理按照标准施工工艺安装并进行播报，管家按照验收标准进行巡检与验收。

（10）软装家具阶段（可选）

关键目标：家具进家。

关键步骤：软装选品，下单发货，收货安装，验收。

关键问题：软装产品进家时是否有破损、是否有色差等？软装产品数量、尺寸、规格等是否与合同一致？

关键工具：软装安装工具，管家、项目经理工作台。

关键策略：项目经理按照合同进行播报，管家按照验收标准进行巡检与验收，问题售后处理。

（11）竣工验收阶段

关键目标：顺利验收，赢得回单。

关键步骤：发起竣工邀请，现场验收，生成质保卡，举行竣工仪式，管家进行竣工验收播报，管家进行竣工仪式播报，朋友圈或视频平台宣传。

关键问题：是否顺利验收？竣工工地是否能够获得回单？

关键工具：竣工物料（质保卡、其他）、管家工作台、朋友圈、小程序。

关键策略：在竣工阶段，继续保持热情，做好收尾工作，整个参与人员集体谢幕，并为用户送上绿植等小礼物进行祝贺，保持良好的联系，为老带新打好基础。

5.售后阶段（客服、管家、项目经理、监察）

关键目标：用户好评。

关键步骤：服务监察回访用户，记录问题，派发问题，解决问题，问题追踪回访。

关键问题：有没有遗留客诉？客诉问题有没有及时处理？客诉问题有没有彻底解决？

关键工具：客服热线、服务监察客诉管理系统、管家工作台（创建问题）、项目经理工作台（解决问题）。

关键策略：管家、项目经理工作台的问题创建与处理，工程部经理对于问题的管理与指导，服务监察对于问题的追踪回访。

家装行业是4×100m接力赛，第一、二棒靠嘴，第三、四棒靠腿。对于面向中高端客群的装企来说，战略支点是爱、口碑和体验；而对于面向经济型刚需人群的装企来说，核心是要性价比＋颜价比，战略支点是效率。

好的服务体验设计是通过对人性的洞察，把减分环节变成加分环节，把损失感变成获得感，让用户觉得"值了"。用华杉老师的话来说，就是让顾客"坐着滑滑梯，滑到收银机"。这中间没有捷径，就是把服务用户的整个过程都记录下来，分解成一个个小环节，然后根据关键问题逐一改善服务流程中的关键节点。服务永无止境，无论做得多好，总还有可以优化的地方。

第八章
企业文化是根基

一、家装行业的价值错位现象

1.对客户：忽悠式签单，说到做不到

基于家装行业低频、非标、高客单属性，以及相对滞后的行业监管，导致家装市场长期低效、无序竞争，乱象频出。有的设计师为了签单，过度承诺；有的装企靠套路营销，忽悠客户，用户体验很差，一锤子买卖导致获客成本不断上升，最后恶性循环。

笔者曾与峰光无限装饰集团由峰董事长交谈过这一行业现状，由峰说："谁家把公司吹得再厉害，我不吹，跟客户实话实说。把人做好，把活儿干好，把钱分好。舒服就行，不要把自己搞得太累。"

峰光无限装饰集团主要面向西安市场，回单率在40％上下。由峰董事长干装修20多年，喜欢化繁为简，理念是把工地做好，让员工、项目经理和材料商挣到钱，让客户满意就行。公司奉行天道、孝道、师道，讲诚信经营，做行业榜样。

为什么有的鱼能长大？因为骨架健全。有的鱼长不大，因为是软骨

鱼。装企也是如此，一种装企为追求利益最大化，降低实际交付品质，持有做一锤子买卖的心态，注定走不长远，是长不大的软骨鱼。另一种装企有定力，肯沉淀，会不断修炼基本功，长肌肉，努力为用户创造价值的同时注重品牌长期价值，如此才能长远。

2.对员工：一线人员不认同，说一套，做一套

装企大规模的稳定交付的关键不在于管理和制度，而在于装企价值观能否传导到工人层面，并被认同，核心是能否出现从协同到共生的组织格局。认同的核心是价值观趋同，否则上传难以下达，指令无法准确落地。

例如分利机制和制度约束的问题：有的装企对一线员工要求多，守规矩的不赚钱，不守规矩的反而赚得多，没有形成正向激励，势必导致劣币驱逐良币，行业怎么进步？员工不认同企业，自然说一套，做一套，这对企业而言也是一种巨大的隐患。

3.对同行：地区保护主义，江湖气过重

装企的地区保护主义在一些城市比较兴盛，比如深受码头文化等地方文化影响的地区，往往可以"窝里斗"，但遇到外部势力时，则非常团结，一致对外。外地装企过去后不好招人，甚至材料商也不好合作。这也阻碍了一些装企的可持续发展，对当地市场以及老百姓而言并非好事，因为地区保护会无形中提升市场交易成本。

二、创始人的价值观和做事风格是企业文化的基因

1.装企创始人与企业文化

家装行业是典型的大行业小企业，而装企的企业文化基本就是老板的

个人风格。对掌舵者而言，未必需要事必躬亲，但他必须具备的重要素质是把握大方向和掌控企业发展节奏。企业小时抓机会，企业大时少犯错，厘清自己的能力与优势，踩准踩稳不踩坑。

优秀的经营者如任正非，高明之处都藏在他的"灰度哲学"里。他说：清晰的方向，是在混沌中产生的，是从灰色中脱颖而出，方向是随时间与空间而变的，它常常又会变得不清晰。并不是非白即黑、非此即彼。合理地掌握合适的灰度，是使各种影响发展的要素，在一段时间和谐，这种和谐的过程叫妥协，这种和谐的结果叫灰度。没有妥协就没有灰度。妥协其实是非常务实、通权达变的丛林智慧，凡是人性丛林里的智者，都懂得在恰当时机接受别人妥协，或向别人提出妥协。

所以对掌舵者而言，重要的素质是方向、节奏，知进退、明得失、懂取舍。掌舵者的水平就是合适的灰度。坚定不移的正确方向来自灰度、妥协与宽容。

笔者认为装企老板的风格可按照认知和灰度两个维度大致分为四类（参见第一章相关内容）：

第一类：江湖气，讲义气（低认知，高灰度）。

第二类：格局小，做不大（低认知，低灰度）。

第三类：爱学习，没灰度（高认知，低灰度）。

第四类：有见识，有灰度（高认知，高灰度）。

什么样的装企老板能穿越行业发展周期，就是认知得高，灰度合适，还要有见识，能站在未来看现在，能站在终局思考战略路径。

2.创始人的心力对装企的意义

"心力"顾名思义，就是发自内心的力量。心力，也可以拆解为初心和定力。初心即指路的明灯，定力便是对初心的坚守。笔者认为，创始人的心力是撑过企业渡过低谷期和跨越非连续性的源动力，决定了企业的存续和高度。诚如清代龚自珍所言："心无力者，谓之庸人。报大仇，医大病，解大难，谋大事，学大道，皆以心之力。"

（1）创业期

阳明心学有一个观点：心即是理，力由心生。创始人是企业的灵魂，市场规模、用户数据、财务等都可以通过计算得出结果，唯一不能被计算的就是创始人的心力。

过去很多装企在创业期吃到了房地产红利、信息不透明红利、流量红利、劳动力红利、行业不规范红利等，赚钱相对轻松，可以得过且过；如今存量市场消费趋势变了，野蛮生长时代一去不返，创业期将面临更复杂的未来，往后在装修行业创业除了专业能力，还要比拼心力。心力是保持初心的定力和洞见未来的能力，作为核心竞争力也要能不断适应外界的变化。

例如湖南九根藤就很典型，2016年成立到2019年快速增长到近5亿元规模后果断收缩，如今产品化整装打磨基本成型，再一次站在了规模扩张的起点。这个过程中，九根藤踩过很多坑，有过存亡危机，靠什么走到今天？笔者认为，创始团队的心力起到关键作用。九根藤的初心是为用户省心和省钱，团队不忘这个初心，坚守用户价值，才能凝聚团队力出一孔，大家一起努力走出低谷。

（2）困难期

新冠肺炎疫情后，大浪淘沙，资源向头部装企集中，对头部装企而言，是企业扩张和加速产业变革的良机。但成长和变革难免有阵痛，考验的是创始人的心力，能否在困难期保持战略定力，守正创新。

创始人的心力有多重要？就像打仗，一鼓作气，再而衰，三而竭。如市场上被巨头并购的企业，当公司创始人不能完全掌控时，其心力也就不足了。一个没有创始人、没有主人的公司是没有灵魂的。商业要拼长期耐力，如果前期就把资源耗尽，为将来留下隐患，是划不来的。

笔者曾调研尚品本色智能家居，这家公司低调务实，2002年成立鑫迪木门做免漆门，2007年创立尚品本色做烤漆门，产值过10亿元。李鑫董事长有一句话让我印象深刻：我们没有碰工程渠道，没尝过50亿元订单的滋味，当然也没有因此踩过7亿元订单的坑，小步快走，稳健发展。这是企业文化的影响使然，也是掌舵人的心力所致。

3.向以用户为中心的装企文化转变

（1）坚持把价值观落地

行业的低频属性和单次博弈，让口碑的建立需要经历更长的无回报期。因此很多企业不愿意去解决，也不愿意去优化消费者的体验。消费者在家装过程中往往出现各种问题，究其本质，皆因于此。家装行业成了信任缺失的行业，用户满意度很低，装企获客成本很高，需要花费大量的时间、人力去取得客户信任，又导致效率偏低，规模难以扩大。

贝壳整装事业线东部首席运营官、圣都家装创始人颜伟阳认为："追本溯源，我们所要做的就是重建客户信任，一切努力都是为了客户。"家装行业是一个重服务的行业，体验大于效率，体验大于价格，体验大于规模，让客户能够享受确定性的服务，客户才会信任你。对于企业而言，我们看过去是长期主义，看未来是如何坚持把价值观落地。只有走正道，志同道合的人就会自然而然聚在一起，推动整个行业走向正循环，这样对消费者才是最好的。

（2）利他才是真正的利己

中国家装企业以前主要是靠市场红利，赶上了改革开放带来的行业高增长，客户流量井喷式涌现，而优秀的装修公司又少，所以很容易就能签单。这也导致了业内很多人缺少敬畏之心，忽悠客户签单，对交付环节应付了事，漠视消费者利益。如今要接受一个现实：时代真的变了，我们面对的最大的风险不在于变化本身，而在于仍然沿用以前的逻辑办事。

"利他才是真正的利己"，家装企业只有向着价格更优、质量更好、效率更高的方向转变，把工作做得更深入，给予客户更多利益，客户才更有可能选择它，否则必然被边缘化。星杰装饰集团董事长杨渊坦然："星杰虽然有规模，但不刻意追求规模。立足长期发展，星杰所追求的是在江浙沪家装行业中带给客户一种稳健、扎实、管理体系完善、市场口碑稳定的品牌形象。"所以星杰不急于一两年，也不急于一定要现在就做到很好，而是以5年为一个时间段，基于过去积累的优势，思考如何能在新形势下既能让客户满意，又能让企业健康成长，成为一家客户满意度、运营效率都很高的企业。

（3）为难自己成就客户

业之峰装饰集团董事长张钧认为客户是企业的贵人。他说："第一，客户选择我们，给我们一个服务的机会，这是惠泽我们。第二，客户指出我们很多问题，即使解决成本高一点，也有助于我们发现很多共性问题，进而进行系统性的改革升级，倒逼自己进步。"通过这种方式，业之峰在"为难自己成就客户"的同时，使得自己更有竞争力。基于此，业之峰推出了一系列举措，比如客诉先行赔付基金、一把手充当首席客户体验官、客户评价与考核机制挂钩等，把指挥棒放在客户手里。

笔者认为装企从用户场景出发，通过用户体验，解决用户需求，坚持长期价值，有利于其可持续发展。当下有信心或是没那么焦虑的装企基本都在以用户价值为中心构建长期的系统化能力。

4.典型装企的企业文化分析

（1）统帅装饰：军队，学校和家庭文化

统帅装饰推崇"军队文化"，追求学校的培训以及员工的家庭关怀。

为什么是"军队文化"？统帅装饰创始人杨海本人做事雷厉风行，希望统帅团队的执行力像军队一样，无条件服从，能不折不扣地完成任务。

他认为企业发展20%靠战略，80%靠执行，尤其是装修服务行业。

当然，这只是其中一方面，杨海认为升华员工的内心世界，提高他们的认知一样重要。杨海还认为认知统一，才会有明确的使命和愿景，发展才有动力，因此成立同辰学堂。同辰学堂作为布局多年的战略项目，是统帅装饰为培养高层次专业人才，练好企业内功迈出的重要一步。

最后是家庭，杨海认为公司不能只有责任、目标，还要有关怀和爱。每个到统帅装饰来的员工，都有想法和追求，好的领导不是一味迎合员工，而是了解员工初心，帮其实现理想，毕竟所有的努力都是为了实现自我价值。从成立之初，统帅装饰就非常注重企业文化建设，着力进行员工关怀和团队凝聚力的打造。对员工的关怀计划有十条，用强执行、强管理的方式交给人事部门落实。

（2）一起装修网：铁锤文化

一起装修网是北京的一家公司，成立于2009年，一开始做互联网线上平台，最早叫BBS，是主做装修的网络社区，有大量的装修攻略、装修日记，在PC年代非常火热。线下做家博会、团购会、展览会，主要面向半包市场，布局全国一二线城市的数量最多的时候达17个。由于交付短板，2016年转型做自营家装，重度参与交易环节和交付环节。

2017年春节后，一起装修网正式开启了为期三年的巡检工地工作。创始人黄杰带着团队去问题工地，当面沟通了解问题出在哪里，背后是什么情况。发现有些工地做得实在不过关，就砸了重做，后来演变为17项不合格必砸的"铁锤行动"，发布到网络上受到广泛关注和一致好评。

黄杰认为情怀是骨子里的，作为家装企业，需要核心管理团队有一定的情怀，而且要充分站在客户的角度来考虑问题。这种情怀是后期所有商业的根基和基础，也决定了装企能走多远。

（3）方林装饰：交付文化

沈阳方林装饰创始人王水林是安徽安庆人，木匠出身。安庆是中国历史重镇，近代诞生过"桐城派"等知名组织，使得安庆人骨子里有重文化、重情义的性格。2000年，王水林和很多老乡去了沈阳，10多年后，安庆籍装企几乎垄断沈阳装修行业，外界评价王水林，基本上第一句就是分钱够狠。

家装重度依赖人，一帮人知根知底，劲往一块使，老板愿意分利，员工也就更用心，对公司负责，对用户负责，就比一般重营销、轻交付的装企口碑要好。

方林都是自有产业工人，公司与工人签订长期劳务合同并缴纳保险，没有第三方，让有技术的匠人获得尊重与认同，让工人有归属感，优秀者保证每天有活儿干。

方林有工程中心，下设水路、电路、瓦工、木作和油饰五支专业施工团队，由从业15年以上的优秀工匠带领，分工种进行培训、管理、考核。所有签约工程均由工程中心统一调度、指派工人，所有施工材料均由公司统一配置。另外，方林重视场容形象，有专门的巡检考核部门。

其组织结构相对复杂，互相监督，使得工程管理人员相对较多，好处是交付品质有保证，且杜绝了腐败问题，坏处是施工成本提高了。总的来说，方林是用笨办法抓工人端，加强培训，加强考核，保障交付。董事长王水林依然亲自抓方林工程部，坚持每天早上五点半全体工人开会，年底仍一个工地一个工地结算。

（4）圣都：事业组织部共赢文化

圣都家装成立于2002年，创始人颜伟阳是浙江武义人。1998年颜伟阳毕业于浙江工业大学，第一份工作是在金华一家国企性质的建设公司上班。国企工作太安逸，并非他想要的生活，一个星期后他毅然辞职，来到杭州创业。创业之初，他跟着包工头去浦江工地，和工人们同吃同住，一干就是三个月，不懂工艺，就学工艺，学材料，学水电、木工、油漆。再回到杭州，颜伟阳已经成为一个既懂设计又懂工艺施工的设计师，正因这段经历，他一直很善待公司的工班家人。

颜伟阳自述："当时的想法简单粗暴，赚钱、买房、过日子。刚成立圣都，因为我会设计，其实也就是个比'装修游击队'好点的公司。钱是赚到了，但自己很累，工地、材料市场连轴跑。"

2005年秋，颜伟阳召集公司所有同事开了一次决定圣都命运的会议，会议上大胆决策，形成了一直沿袭至今的"事业部组织模式"，他提出"公司一定要让员工赚钱，做到耕者有其田，商者有其股，让干活的人拿大头"的共赢体系，让员工和公司命运融为一体，荣辱与共。圣都的内控体系相对好一点，具有一定的竞争力。2022年圣都被贝壳收入麾下，家装产业格局开始转变。

三、企业文化驱动的装企才有未来

1.什么是企业文化

企业文化是人类社会实践经验且具有可持续教化、传承、凝聚、约束、调控等作用的集体身份认同和意识认同。

浪莎集团董事长翁荣金认为："人管人气死人，制度管人累死人，文化管人管住魂。"

企业文化是怎么来的？企业文化不是设计出来的，而是自然长出来、筛选出来的，是通过实践后为了企业存续而提出的。你在创业之初，需要什么样的人，这些人的共同特征就构成了企业文化。企业文化本质上是一种共识，同时也是一种方法，一种解决方案。如娃哈哈创始人宗庆后开创的"联销体"模式，这种基于信用的合作模式，为娃哈哈的畅销打开了新局面，直到今天仍发挥着余热。

张一鸣说："公司竞争力体现在产品，产品背后是技术系统，而技术系统背后是团队和文化，这是最基础的，也是最重要的，是我们的核心竞争力。技术总可以学习，产品总可以改进，但只有团队和文化才能保证持续的创新和优秀的自省。"

2.企业文化驱动企业发展

方太就是一家使命、愿景、价值观驱动的独特企业，上次笔者和公牛家装团队一起参观方太，并与方太家装团队座谈，深刻感受到了方太文化体系：中学明道，西学优术，中西合璧，以道驭术。

茅忠群认为方太作为中国企业，经营模式可以学习西方先进理念，但根子里的文化是中国的，因此结合中国传统文化确定"仁智勇"，即"仁者无忧、智者不惑、勇者不惧"的价值观。为了帮助员工修炼人品，茅忠群还创造了"五个一幸福法"，即立一个志、读一本经、改一个过、行一次孝、日行一善。理念上将企业从经济组织上升到社会组织，愿意积极承担社会责任，促进人类社会真善美。

方太文化中的核心理念、基本法则、践行体系相当于传统文化中"道、法、术"的关系。核心理念（道）：使命、愿景、价值观、其他价值观。基本法则（法）：心本经营、以道驭术、德法管理、品德领导、组织修炼、智慧思维、行于中道、美誉创新、精诚品质、幸福服务、无为而治。践行体系（术）：顾客得安心、员工得成长、社会得正气、经营可持续。道、法、术三者环环相扣，相辅相成。方太是开辟式创新的践行者，将传统文化和企业发展的践行结合，无疑为企业发展注入了灵魂。

所谓三流企业靠产品，二流企业靠品牌，一流企业靠文化，装企想要穿越行业周期走向未来，从共识到行动，一定是靠企业文化来驱动的。文化驱动下的人、产品、品牌结合是企业持续经营和成长的不竭动力。

3.胖东来企业文化对装企的启示

河南许昌最知名的名片是胖东来。中国零售网数据显示，胖东来企业人效、坪效在全国民营企业排名第一，很多商业老板都去学习。

胖东来创始人于东来大致是一个追求极致、热爱自由、纯真热烈的人。这是一家做价值观生意的公司，从上到下追逐爱与自由，不彼此束缚。

胖东来到底赢在哪？可以概括为三点：第一，极致流程的胜利，能看到的、能想到的都有流程；第二，全量薪酬设计的胜利，将薪酬给到顶格，激发了更多人能像创始人一样为企业操心；第三，好人红利的胜利，做个好人，做件好事，你就总能获得回报。

尤其第三点和家装行业极其相似，从增量市场到存量市场，从流量红利到人心红利，大道至简，善意发心，要相信口碑的力量。

这对很多装企的启示是：口碑的背后是企业文化，要立正念、走正道。企业文化一定是自上而下，大家真正认同并践行且发自内心对用户好的价值观。价值观是正向的、利他的、能给予人能量的，不能把它当作

KPI，这样是无法长久的。

四、装企如何打造自身的企业文化

1.装企文化的三驾马车

（1）使命——企业存在的意义，即为何而活

使命是与生俱来的天命。按照中关村才女梁宁的话来说，上帝安排一个人的命运，或者说给一个人使命，其实也是给一个爱好，一种真实的喜欢，一种叫作"瘾"的东西。

套用到装企，我们这家企业的存在对这个社会有着怎样的意义？为什么是我来做这件事情？究竟什么是企业的使命？用一个词概括来说就是"找意义"。存在的意义是什么？能为用户解决哪些问题？不同的使命，会造就不同的前景。

如知者研究帮助厦门知名大宅别墅公司嘉悦天盛基于自身能力，提出"赋予空间生命，让体验更美好"这一使命。

（2）愿景——企业希望达成的目标，即成为什么

愿景是未来要达成的阶段性目标，用一个词概括叫作"寻目标"。

嘉悦天盛的愿景是成为客户体验最好的空间设计机构。具体可从设计落地、全周期服务、口碑体系三个方面着手，做到极致，给用户超出服务预期的体验。

对装企而言，愿景是装企要明白阶段性目标是什么，一定是具体而真实的，通过明确的规划、清晰的步骤、努力去一步步让目标达成，而不是凭空想象绘就一幅宏伟蓝图，大而空，却永远没有方法去落地。

（3）价值观——企业成员的约束，即行为指南

有了使命和愿景，公司就有了存在的意义和奋斗的目标，再通过制度

强化价值观，从而形成规矩，让大家习惯成自然。

那如何理解价值观？简单来讲价值观是支撑我们日常行为的思想准则。怎样强化价值观？就是树要求。

如嘉悦天盛五大价值观：

第一，值得信任：善意发心的动机，言行一致的行为，体现专业的能力，说到做到的结果；

第二，价值为本：客户价值，产业价值，员工价值；

第三，诚信经营：无增项，零售后，超放心；用心的设计，最好的材料，严苛的工艺；

第四，追求极致：极致服务，让客户省心省事；完美体验，与客户成为朋友；

第五，亲如一家：员工间像家人，一群有趣的灵魂，相处融洽；与客户像亲人，感恩选择与信任，全力以赴。

企业价值观对员工行为具有导向作用，如果价值观建设得当，管理上会轻松不少。因为在同一价值观影响及驱动下，员工行为认知与组织发展方向趋同，即便没有明文规定，员工也清楚违背价值观的事情不能做。值得注意的是，价值观是基于企业自身长期实践总结出来的，要能够深入人心，不能华而不实，否则难落地，反而阻碍企业发展。

企业的使命、愿景、价值观，就是在找企业存在的意义，确定企业奋斗的目标，最后通过一致的价值观来约束集体成员的行为。

2.装企使命与愿景的困惑

一些公司将自己的愿景定为成为全国最大的家装公司，或者是区域第一，追求规模，但有可能不经济，所以也在重新梳理使命，往往又围绕体验、口碑、交付等展现用户价值的关键词描述使命。

如积木家2017年初提出的使命是"让用户有更好的家装体验，让从业者在阳光下有尊严地挣钱"，愿景是"成为中国最大的装修解决方案供应商"，2021年5月改为"成为用户体验最好的家装公司"。

星杰设计的使命是"让你爱的人早点回家"，愿景是"成为一家百年可传承的家居服务商"；圣都的使命是"让装修不再难，让爱温暖家"，愿景是"让圣都人温暖中国660多个城市"。

其实，很多头部装企也基本找到了家装的第一性，就是"爱"，口碑和体验是爱的果，而不是因。

不过，这得分阶段、分装企来看，对于面向中高端客群的装企来说，战略支点是爱、口碑和体验；而对于面向经济型刚需人群的装企来说，因为核心是性价比，战略支点是效率。若做刚需的装企以用户体验为支点、为愿景，指北针可能会出现偏差，所有服务都是有成本的，不断优化体验，最后因为成本而很难落地，或执行不力。

3.装企文化落地案例

如果文化通过系统来传达，前后端的系统一定得打通，将很多复杂的逻辑和规则沉淀到系统里。装企的企业文化不能过于复杂，也不能追求完美，不然很难落地。文化传导到员工层一定要简单，否则会断层，部分装企认为自己的企业文化已经足够简单了，但还是会断层，迟迟无法落地，有些没断层，传达也没问题，但一到落地就似是而非。

笔者想起城市人家的PK机制＋绩效管理＋重奖重罚三大手段，从内部和外部让签单有更强动力。过分关注业绩不行，过分关注状态也不行，需要找到平衡点。如果设计师只做好设计，不需要考虑交付，则不会那么心累。

企业文化落地的前提是价值观的共识和共有，企业全体伙伴深度参与，凝聚共识，才不会面和心不和，才容易落地。如爱空间创始人陈炜认为：我们需要的不仅是漂亮的家，更需要文明的生活方式，而文明的生活方式源自爱。所以爱空间的使命是让爱有空间，让空间有爱。价值观是不欺骗，客户是朋友；口碑为王，相信产品；协同高效，说到做到。

基于价值观，爱空间所有产品均以客户为中心，为消费者创造更多价值。如明码标价，闭口合同，前置排查，零增项；100％产业工人，保障交付；专业管家托管，解决用户痛点问题；APP手机播报，让用户对施工过程进度一目了然；对客诉有诉必应，第一反应为客户解决问题，其次是找出公司运营纰漏，修补漏洞，避免产生类似问题，而不是去追究到底责任是谁的。连续多年组织"爱粉节"，请用户提建议并积极整改。始终坚守"24小时"响应用户入住后遇到的问题，认为企业与用户之间不仅是"服务者与被服务者"，更是朋友关系。

为了健康环保和更好为用户提供真诚向善服务，不销售任何真皮类产品，培养员工的慈悲心……从亲子烘焙、艺术插画、创意市集、户外拓展到天使空间打造、会员俱乐部iClub等，与用户一起探索美好生活的各种可能性，也因此在行业内外形成了好口碑。

4.装企文化重在持续打造

方太茅忠群认为，"心性即文化，文化即业务。"文化是业务的发心和方式；业务是文化的呈现和结果。发心、方式、呈现和结果，既是因果相连的四个要素，又是不可分割的一元整体。要在因上努力，缘上创造，果上反省，如此就一定能实现好的业务结果。

达尔文《进化论》中有一段经典论述："在大自然的历史长河中，能够生存下来的物种，并不是那些最强壮的，也不是那些最聪明的，而是对变化做出快速反应的。"这段话放在装企也适用，坚持基本的商业逻辑和客户价值及文化打造是装企得以永续发展的前提，也是穿越周期的根本。那么装企文化如何持续打造呢？笔者简单总结了六字诀：

①稳：稳定压倒一切。洞察员工需求，坦诚相待，永远尊重人性，坚

持长期主义。

②准：有聚焦能力，面对未来的不确定性，准确把握发展节奏。

③快：快而不乱，不盲从，不自乱阵脚，自我革命和创新要快，在变化中求生存。

④严：有边界感，有敬畏心，知道自己能做什么，不能做什么。

⑤细：以始为终，大方向不变，理念生根，细节落地。

⑥实：务实，保持初心和定力，在发展中沉淀文化及人才。

第九章
从装企发展节奏到抓住红利期

一、装企发展五阶段及战略节奏

装企从无到有，到主导某个品类或者占据某个定位成为头部，最后随着品类或定位一同衰落，这种生命周期大致可以划分为五个阶段，即原点期、扩张期、进攻期、防御期、撤退期。

原点期通过低成本试错，获得创建新装企所需的认知成果；扩张期则将认知成果快速兑现为第一波商业成果，但避免与相同定位的本地头部装企直接竞争；进攻期则向相同定位的本地头部装企发起进攻，扩大商业成果；防御期则是装企在站稳定位后，抵御后来者的进攻；撤退期则是面对品类或定位的衰退，理性撤退。

处于不同阶段的装企拥有的资源、禀赋、能力等差异很大，想要可持续经营，一把手得尊重常识，战略方向无误，战术边打边调整，在发展的不同阶段把握好发展节奏，并能抓住各种红利。

1.原点期

（1）原点期特征和要点

原点期特征：原点期也叫"试错期""验证期"，这一阶段装企的发展战略需逐一验证、修正。若战略不清晰，路径有问题，原点期将是资源浪费最大、挫折感最强的阶段。而商业中的最大浪费就是过早放大未经验证的商业模型，如顺风嘿客、OFO、家装E站、橙家、我爱我家网、构家、放芯装、搜辅材、小胖熊等。

原点期通常以创始人为核心将企业孵化出来，不管创始人是设计师还是市场销售员出身，在企业成立之初需要找到能够优势互补、认可彼此价值的合伙人，如一个精通设计、产品研发、懂用户，而另一个擅长品牌塑造、营销和市场运营。

原点期要点：

所确立的品类和定位机会，是否是真实的机会？

所能获取的资源及能力支持，是否足以抓住该机会？

所要捕捉的机会是否与创始人价值观一致？

对应的就是"可做、能做、想做"的艰难探索和选择。原点期属于产品及服务价值验证阶段，需要打造具有一定价值和吸引力的产品，关键指标是NPS和用户增长率。

（2）原点期为什么要精益创业

这一阶段装企要有强烈的试错意识，通过精益创业理论降低公司试错成本，其中比较有启发性的验证方法有如下三种。

①价值假设的验证。

精益创业提倡尽早获得利润，以免陷入价值陷阱，省得花了很多钱发现空有营业额而无利润。产品如何定价，价值怎么验证，都需要尽快解决。

②增长假设的验证。

新客怎么获取，投入产出比等需要企业去做假设。验证增长假设需要检验三种增长引擎对于新业务的不同效率，包括：黏着式增长——让用户消费额度越来越高；付费式增长——通过花钱获得更多新用户；病毒式增长——通过建设好口碑让老用户带来新用户。

③MVP验证法。

验证最小化可行产品，需要根据企业定位迅速推出一个原型产品进行价值测试。

如何判断试错完成了？首先，价值假设得到验证，较小规模能够盈利；其次，增长假设得到验证，获取新客手段，投入产出比得到充分的验证；团队准备就绪；支撑增长的供应链准备就绪。

2.扩张期

（1）扩张期信号

原点期可长可短，主要取决于认知成果的积累程度。原点期结束，产品跑通，业务初步闭环，用户主动检索、关注，到店率高，团队相对稳定，仍以创始团队为核心。关键指标是收入的增长超过成本费用的增长，是装企进入扩张期的重要信号。

此时要作出许多艰难决策，是本地深耕还是区域甚至全国扩张？是物色合适的合伙人进来，还是继续通过招聘培养人才来弥补组织上的短板？是追求发展的速度还是质量？是构建如交付、信息化协同的后端能力还是发力营销获客、场景展示、签单转化的前端能力？这些问题没有统一的答案。

核心还是建立既能满足扩张期甚至到进攻期的能力模型、人员架构和组织保障，又得考虑未来3～5年的发展节奏，不能自我设限，否则后面会踩坑。如价值观不一致的人短期内也许能为企业创造效益，但长远来看会拖累企业发展，甚至带来危机。

（2）扩张期要点

①在无争地带扩张。在扩张期应当避免和本地头部装企正面竞争，需主动寻找和开拓其力量薄弱甚至空白的新区域、新渠道、新媒介。

②有序扩张，升级口碑值。在用户熟知的区域划分中有序扩张，高度聚焦，将当地市场打造成样板市场，让其成为公司的核心市场，并将其作为直营、联营或加盟扩张的大本营。然后依次获得口碑值某市领先、某省领先、某个城市群领先、全国领先。当然当下传统的装企已经丧失了全国扩张的可能性，除非有结构性的竞争优势，能长成新物种。为什么不是升级信任状？在家装行业口碑就是信任状，良好的回单率就是"受青睐"的表现。

③大力传播口碑值。除了宣传品牌差异化定位的价值，还要通过比原点期更大的公关传播投入，引起更多潜在用户关注和谈论。适度投放广告，除了传播定位信息，还要使用不断升级的口碑信任状，比如老用户的评价、典型客户的感受等。

（3）扩张期的新品牌通常会面临的四大挑战

①流量瓶颈。大店模式多是高举高打，流量持续投入，转化率低，获客成本高会影响经营质量；若本地深耕，前期单子少，慢慢起量，也会面临外部竞争的恶化，导致分公司（分店）生存空间被挤压做不起来。所以，前期扩张还是得平衡好营销投入和发展节奏的关系。

②交付挑战。守住交付大闭环，要全员树立"问题因我而止"的意识，尽快给出问题解决方案，完成闭环。装修环节多，涉及人员多，任何一个环节被卡住，项目就会延期；任何一个角色未能闭环，就会影响客户体验。再就是供应链变长和复杂了，协同难度加大，同时还面临本地化的考验，企业要能灵活调整策略，能力互补，满足特定市场需求。

③管理挑战。管理层级增加及业务单元增多会使得信息和决策的上传

下达不可避免地出现失真；同时员工激励变得更加复杂和多元，对创业团队的企业文化激励未必适用于大多数新员工，因此需要基于人性对管理方式作出调整；总部还得把各个流程拆分、拆细，然后形成标准作业程序（SOP），为分公司赋能，通过数字化进行管控。

④资金障碍。大多数装企是用总部或其他分公司（门店）的现金流进行扩张，还会面临资金的瓶颈，因为扩张期需要不断追加投入，新开门店、市场投入、扩增员工队伍等都需要资金。守住现金流或适时融资，有助于提高装企扩张中的风险把控能力。

3.进攻期

（1）进攻期特点

尝试转化头部装企的部分用户，要迭代相应产品，即从1到N迅速复制，以获得更大的商业成果。这一阶段核心是考虑先做大再做强，还是先做强再做大，关键指标是组织效率、运营效率及净利润率。但要警惕管理输出被平均化，人才储备不足的问题。

此时合伙人架构极为重要，组织上经过锻炼和培养的精兵强将如果价值观一致，可以考虑发展成为合伙人，设立不同等级的合伙人制度及对应的权益。融入企业的愿景、使命和价值观，要注意这些都不是刻意设置的，而是与公司的战略、定位和组织相匹配，自然长出再提炼出来的。此外信息化系统建设、提供更好的产品、强化供应链和施工交付体系等是公司规模化扩张或高质量发展的基本要素。

（2）进攻期要点

①根据市场、用户、竞品等不断强化自身品牌定位，短期内在转化头部装企无法兼顾的用户时，在谈单过程中根据差异化优势提高转化率，长远来说要在用户体验设计、后端运营交付等时持续发力，以期增强综合竞争能力。若无较大成本优势，不要打价格战，内卷可以倒逼效率，但凡事

都有代价，走到极端就是互相伤害了。此外，更要避免不正当竞争，如抹黑、造谣竞品等。

②通过聚焦产品形成局部优势。针对头部装企的部分用户，改进和完善产品性能和用户体验；选择有限区域、渠道和媒介形成市场高密度的传播及声量优势。

③进攻期要追求合理的目标。不一定是取代头部装企，而是尽可能抢占头部装企的市场份额，主导有价值的定位，但要风险可控。若是头部装企强迫供应商站队，可以借力打力，利用对方的不正当竞争和自身相对弱势的地位博取用户同情。

4.防御期

（1）何时进入防御期

装企主导了某个定位，成了某种意义上的领导者，接下来需要抵御其他装企对该定位的抢夺或挤压，这时就进入了防御期。还有就是装企规模扩张之后会触碰规模不经济的天花板，导致小幅收缩，营销、组织、交付等一系列新问题出现，应由营销驱动逐步转化为价值驱动，构建与此规模匹配的系统性的竞争能力，如果防御顺利，还能为下一步规模化扩张蓄力。

（2）如何判断抢占的定位

判断一家装企是否主导了某个定位，需要同时考察心智份额和市场份额的领先程度。衡量装企心智份额的常用指标是无提示第一提及率，就是问用户"知道哪些家装品牌？""哪些家装品牌更好？""选家装品牌第一个选哪家？"之类的问题时，目标装企被第一个说出来的用户比例。市场份额则是来自相对权威且客观的市场数据，千万不要自欺欺人。

（3）防御期的经营要点

①持续创新引领品类及特性的进化，不断提高竞争壁垒。

②错过了首发创新的机会时，要能迅速跟进对手的创新。如淘宝、京东没有一开始跟进拼多多百亿补贴，后来市场份额减少时开始调整策略发力追赶。

③识别装企优势中的固有弱点，主动推出新品自我防御，例如江西丛一楼装饰集团的乡村别墅项目。丛一楼装饰集团总裁汪振华一开始把乡村别墅当作情怀来做，是想让父母辈住得舒服一些，后来慢慢地发现用自己的专长提升家乡人的居住体验是一件美好的事情，如今做得如火如荼。当然乡村别墅仍然面临诸多挑战：相比家装而言客户过于分散，个性化需求多；本地包工头的激烈竞争；极其分散的工地对远程管理和交付挑战很大；要具备设计、土建和装修三种能力及资质，需要合作伙伴一起来做。优点是均单价150万元，市场体量一直在增加。

④维护和做大品类，或者努力将主导的特性品类化，就像一提起全屋定制就想到欧派。

⑤重新审视组织结构和盈利能力，降本增效，稳中求进。

有必要开这么多分支吗？

有必要开这么多店吗？

有必要开这么大的店吗？

大店装修有必要投入这么大吗？

人有必要这么多吗？

很多"虚"的费用，是否有必要？

费用类预算能否大幅降低？

……

业之峰在增长动力不足的市场环境下改变了发展策略，由进攻转防守，以慢打快，以简单打复杂，重新审视活动费用，将既往费用预算砍掉一半，通过缩表，去除不需要的人、店面、分公司、费用等。

5.撤退期

（1）撤退期的原因

一是技术进步、用户需求变迁等力量不断催生新的品类，原有品类和定位很难或无法满足用户需求，跟不上市场节奏的装企不可避免地走向衰退。

二是一把手依赖过去成功的经验和路径，很可能会成为企业可持续发展的障碍，市场一旦出现较大波动，以前增长所掩盖的一系列问题就会暴露出来，如企业经营不善、负债过高，企业跨界投资不力，吃掉主业现金流，企业盲目进行市场扩张导致资金链断裂，合作地产爆雷回款不及预期等。

据不完全统计，2023年全国共有75家装企宣告破产，2024年全年105家装企宣告破产。不到两年破产装企接近二百家，其中不乏昔日龙头企业，如深圳广田集团、全筑控股集团股份有限公司控股的子公司全筑装饰，这两者曾经与恒大绑定较深，受恒大债务风险影响导致破产重组。实际也不止这两家企业由于路径依赖被拖垮，多家和爆雷地产公司深度合作的装企都陷入债务危机，倒闭的不在少数。

（2）撤退期经营三大要点

第一要做好风险管控，防止出现各种挤兑。如实创装饰因工地延期，大量用户投诉最终导致的挤兑现象，东易日盛因关店导致的负面影响。

第二是收缩规模甚至裁员，降低成本。装企在撤退期停止开店，果断关闭亏损门店。不过关店成本是开店的三倍，关店前要处理好各种费用结算，如材料款、工费、工地售后、人员工资等。

第三及时进入新兴品类，并启用新品牌。这是根本解决之道，属于企业战略。装企品牌的衰退通常早于品类的衰退，对于这类装企，卖掉是较好的选择，问题是怎样卖个好价格。

二、装企红利期和挑战应对

1.家装行业的十倍速机会与挑战

装企行业的十倍速机会和挑战主要集中在三个方面，即供给端、需求端、连接端。

（1）供给端

①以旧换新政策和装配式装修给行业带来了外部环境的十倍速变化。软装、老房翻新、智能家居纷纷崛起，看谁能抓住机会，找准切入点。

②竞争对手的十倍速变化。地产、材料商、家具、家电、电商、零售、平台等不同赛道巨头进入家装的企业越来越多，未来会出现"懂家装"的巨头站稳市场，边界模糊，产业大融合。

③区域竞争的十倍速变化。头部装企越来越集中，大投入砸渠道，资源相对垄断，本区域同质化中小企业未来堪忧。

④人才的十倍速变化。此前家装行业人才纷纷创业或进入跨界巨型公司，85后、90后崛起，未来几年人才会继续大幅流动。

⑤工人老龄化的十倍速变化。工人老龄化导致用工荒，用户成本极大增加。解决方案之一是共享信息化产业工人。

⑥信息化的十倍速变化。家装行业的信息化、数字化纵深发展，未来成熟的信息化系统会成为装企的标配。

⑦家装公司做大做强的同时是合伙人制度及公司股权变革的十倍速变化。

（2）需求端

①消费者年轻化带来了十倍速变化。用户对产品风格、样式、颜值、材质的要求更高；在消费互联网的影响下年轻人更依赖第三方平台服务，

懒人经济发展迅猛，一站式、一体化解决家装的需求强烈；年轻人对智能应用、智能家居、智能生活的需求不断提升。

②存量房时代消费行为的十倍速变化。装修用户购买力不断分化，消费力下降，因缺乏安全感，消费更趋于理性保守，对装修的性价比要求更高。

③人居产品研发的十倍速变化。人群结构分化，需求分层，追求安全、环保、舒适成为重点。

④家不是材料的拼接和堆砌，是对用户生活场景的十倍速洞察和落地。

（3）连接端

①线上连接的十倍速变化。短视频、直播兴起，很多装企都进行了尝试，线上种草、品牌宣传、线上砸金蛋等，将企业和装修用户重新连接，新零售模式份额快速增长。

②信任的十倍速变化。用户对装企的不信任，导致签单成本高，一次上门后没下订，二次再邀约上门增加了签约周期。谁能解决信任的问题，谁就能在这一轮的行业重组中率先胜出。

2.存量时代还有哪些红利

幸赢空间杨林生坦言，"做装修20年，其实不是我们厉害，而是赶上了时代的红利。第一波是改革开放的红利，第二波是房地产的红利，第三波是信息不对称的红利"。

目前家装行业还是通过信息不对称获取流量，但显而易见的是流量成本越来越高，红利见顶。笔者认为红利不会消失，只会转移，存量时代至少还有四个红利，即人的红利、市场红利、政策红利和创新红利。

（1）人心和人才红利

《孟子·离娄上》有句话叫"得人心者得天下"，这句话对装企同样适用。如今人们越来越愿意为能够打动内心的产品、提供情绪价值的品牌买单，这正是品牌获得人心的结果，本质是装企从被动增长开始向主动增长转变，也就是说未来重视口碑、坚守长期价值的企业才容易赢得人心。就像许多企业品牌人格化，如小米汽车，小米董事长雷军自己为产品背书，米粉愿意为之买单，以至于小米汽车刚上市就遭到疯抢，产品即人品，这种董事长直达的信服感是一般代言人难以替代的。

2023年3月13日国务院总理李强回答中外记者："我国有近9亿劳动力，每年新增劳动力超过1500万，人力资源丰富仍然是中国的突出优势。更重要的是，我国接受高等教育的人口已超过2.4亿，新增劳动力平均受教育年限已经达到14年。可以说，我们的'人口红利'并没有消失，'人才红利'正在形成，发展动力依旧强劲。"

人才红利背景下，仍有三大难点亟待解决，一是人才红利还未充分释放，二是人才分布不均匀，三是人才质量参差不齐，甄别难度加大。装企筛选人才、培养人才、留住人才，最终目的是要增加企业自身的人才密度。

（2）翻新、局改、适老改造的市场红利

住房和城乡建设部统计数据显示，全国共有老旧小区约有17万个，涉及居民超过4200万户，集中分布在北上广深等一线城市及二线城市。伴随着房屋"老龄化"的到来，以10～15年为一个装修周期计算，每年有1200万～1800万套住宅进行二次装修或局改，旧房市场将成为家装和家居消费的主流市场。

提到旧改，欧派家居董事长姚良松认为旧改是"在骨头缝里找肉吃"，"骨头难啃，吃起来麻烦"。旧改面临诸多难点，如用户对翻新改造价值认知不够；用户需求较为分散；用户年龄及需求差异大；翻新、局改、适老改造等不标准；用户个性化需求多，改造复杂度高；产品少而贵，且改造时间长；再就是缺乏施工落地标准等。对做旧改的装企而言，不但没有经验可借鉴，而且在产品设计研发及交付落地还要考虑到灵活性和适配性。

不少装企及部品企业等早早布局旧改市场，如贝壳在上海刚开始的局改业务交付分别外包给了3个服务商，合计单月总交付量在100套；梵客集团专门成立了局改翻新的品牌"梵客微装"，将卫生间翻新、厨房翻新、墙面翻新做成套餐形式；百安居推出七天爆改卫生间、六天爆改厨房等单项装修业务；鹰牌改造家整合鹰牌的陶瓷品类和天安新材的生态链，实现48小时环保局改快装等。

存量甚至缩量时代，社区店距离用户更近，渠道下沉是趋势。社区场景仍有机会，但要思考今天的社区店与前些年的社区店的本质区别是什么？

笔者认为装企开社区店一定要先搞清楚四点：第一，服务类别上，到底做什么，不做什么，能力和优势是什么；第二，社区店服务属性大于交易属性，不能有做一锤子买卖的心态；第三，做直营还是加盟；第四，追求单店模型还是单城市模型。

（3）政策红利

2017年住房和城乡建设部印发的《"十三五"装配式建筑行动方案》提出：加快推进装配化装修，提倡干法施工，减少现场湿作业，推广集成厨房和卫生间、预制隔墙、主体结构与管线相分离等技术体系。

2023年7月12日，国务院常务会议审议通过的《关于促进家居消费的若干措施》正式由商务部、国家发改委等13部门发布。内容包括如下各项。

①适老化家装改造。2020年7月，民政部等九部门联合发文实施老年人居家适老化改造工程，以需求为导向，推动各地改善老年人居家生活照护条件，增强居家生活设施安全性、便利性和舒适性，指导各地针对老年人多层次的改造需求。

②体验式消费场景。如新物种零售大店，实现真正"一站式"，让消

费者买建材再无中间环节；美学整装馆、生活美学馆，锁定精装房购买者的软装全案家装需求，以全屋家居和全案设计为导向，深度链接B端和C端，从产品、设计、服务三个层面创造家居行业融合型消费新生态。

③旧房装修。鼓励各地结合城镇老旧小区改造等工作，通过政府支持、企业促销等多种方式，支持居民开展旧房装修和局部升级改造。鼓励企业开展旧房翻新设计大赛，展示升级改造优秀案例，打造旧房装修和局部改造样板间，推出价格实惠的产品和服务套餐。

④打通社区家装服务。组织开展进社区公益家装检修活动，依据家装行业标准，推动老旧小区改造入户服务，为社区居民提供家装检测检修、家装设计咨询、适老化改造咨询等服务。鼓励小区提供家装便利和引进各类服务企业进行维修保养业务。

⑤促进农村家居消费。鼓励有条件的地区开展家电家具家装下乡，引导家居企业、电商平台等下沉农村市场，引导生产流通企业向农村市场投放更多适销对路的家居产品，丰富农村家居市场供给。

2024年4月11日国务院新闻办公室举行国务院政策例行吹风会，介绍《推动大规模设备更新和消费品以旧换新行动方案》有关情况，其中消费品以旧换新行动聚焦领域为汽车、家电、家居等耐用消费品。

2025年消费品以旧换新政策：

家装厨卫"焕新"，鼓励各地支持开展旧房装修、厨卫等局部升级改造和居家适老化改造；鼓励样板间进社区、进商场、进平台；拓展智能家居应用场景，鼓励企业推出线上线下家装样板间等。

家装消费品换新，加大对个人消费者在开展旧房装修、厨卫等局部改造、居家适老化改造过程中购置所用物品和材料的补贴力度，积极促进智能家居消费等。

家电换"智"，培育一批废旧家电等再生资源回收典型城市和企业；鼓励有条件的地方对消费者购买绿色智能家电给予补贴；加力支持家电产品以旧换新，继续支持冰箱、洗衣机、电视、空调、电脑、热水器、家用灶具、吸油烟机等8类家电产品以旧换新，将微波炉、净水器、洗碗机、电饭煲等4类家电产品纳入补贴范围。

装企可以充分借助政策红利，通过技术创新和产品升级，联动上下游企业，共同努力满足用户对绿色、健康、节能等家装的需求。

（4）创新红利

①产品红利。

创新一般集中在产品、供应链及技术三个方面，每一轮成功创新都会带来一波红利，最先布局者也更容易吃到创新红利，例如宁德时代占有50%的市场份额，恰恰是因为其布局新能源电池较早，后来以领先的技术获得较大市场份额。

笔者在生活家调研，了解到其在2012年到2014年扩张时没遇到什么阻力，分公司基本年营业收入不低于2亿元，开业当天就能进账5000万元。当时生活家的588、688全包套餐对市场主流的半包造成冲击，吃了一波红利。所以装企能否吃到创新红利关键在于三点，一是布局是否足够早，二是是否符合行业发展趋势，三是能否实现效率或体验领先。

②供应链红利。

第一次供应链红利是中国加入世界贸易组织（WTO），此次供应链红利是大量廉价劳动力涌入市场，国外技术转移及物美价廉的物资进入，共同促进了供应链体系发展，这时互联网电商阿里巴巴等兴起。

第二次供应链红利是为应对全球金融危机，中国政府于2008年出台的四万亿财政刺激计划，地产迎来黄金十年。此时中国城市化进程加速，带动一批民族企业高速发展，供给端的市场竞争加剧，采购商开始采取战略采购、集中采购合作模式，采购由分散到集约化，实现降本增效。不过民族企业迅速规模化扩张，掩盖了供应链管理体系精细化程度不够等诸多问题。

第三次供应链红利是国家推出"中国制造2025"战略，绿色建材、装配式等成为行业新的发展方向，供应链迎来数字经济红利，即装企通过数字化改造及精细化运营，实现多方高效协同，从低质量发展走向高质量发展。

③技术红利。

当下席卷而来的AI浪潮，不少人把它比作第四次工业革命，前三次工业革命对社会和世界历史发展都是颠覆式的，作为装企也要抓住这波AI浪潮。此前，欧麦红与全球领先的AI技术公司Collov AI达成战略合作，共同探索AI大模型在泛家居领域的应用。

知者共创社活动上，余工设计师楼广州总部负责人徐志伟分享AI如何为装修设计赋能，他认为随着AICG不断迭代发展，AI将会降低人和计算机的沟通门槛，帮助设计师充分表达，减少信息传递损失，更快、更有效地接收设计师想法。另外，AI能够学习并模仿大规模设计样本，执行重复和烦琐的设计任务，提升设计师的设计效率和效果，节省时间之余还会带给用户更好的体验。AI也能根据用户的偏好快速生成个性化的设计方案，提升用户对设计方案的满意度，甚至可以给设计师带来创作灵感，助力设计师探索不同创意方向。

笔者认为未来改变这一行业的一定是外力。过去产业互联网对行业的改造很深刻，应鼓励每一位孤勇者，行业的改变得靠一大批人前赴后继的努力。

3.装企错失红利怎么办

装企如果错失红利怎么办？一是创始人自身对市场变化的认知，不怕慢，就怕不改变，错失红利机会以后要小步快跑。二是企业基因基本决定了可能吃到哪种红利，不是所有的红利都能吃到，不现实，也不可能。当然最终得顺势而为，如果错失红利，应把握好关键三点，即稳住基本盘、找准发力点、本地化深耕。

（1）稳住基本盘

稳其实是对长期价值的坚守，而稳住基本盘的关键动作就是等着竞争对手犯错，减少甚至避免自己犯错，一些装企常因急于扩张拖累了企业，导致整体陷入危机，如何稳住基本盘？

一是经营相对稳健，重点把握三个经营指标，即守住毛利率、稳住签单率、提升回单率，核心能力就是转化能力、交付能力和回单能力，分别影响的是营销成本、用户口碑和运营效率。

二是注意发展节奏，不要犯战略性错误。企业小时抓机会，企业大时少犯错误，不能瞎折腾，也不能不折腾。没看透时先稳着，慢半拍后看准再发力，慢慢去长肌肉，节奏踩准、踩稳。

三是提高装企的综合竞争力。练内功补短板，增量市场拉长板，而在存量市场，短板可能会成为致命伤，比如交付能力弱。

（2）找准发力点

红利期稍纵即逝，企业并非次次都能抓住，稳住基本盘的装企在厘清自己的优势和劣势之后，要把握好时机和切入点，躬身入局，该发力的时候必须果断。

梵客董事长李静认为装企未来的核心竞争力有三个维度，一是集客能力，二是成交率，三是极致化服务，分别在客户怎么来、怎么提高转化率、有哪些可以控制的节点三个方面发力。

2023年梵客通过自养投放人员，完成了直播、电商、内容、线下媒体、原创IP及全网投放六大流量运营中心建设，运营中心打造四五十人团队，目前做到小红书装修类目第一，费用相对控制得较好。2024年开始集中力量发展直播中心，如以京东、住小帮等为主的电商中心。产品类型像矩阵，能接住线上流量和转化，平台有效率为30%～60%，到店率在60%以上，成单率为40%，均单价逾20万元。

在不同发展阶段，进行十二个节点（品牌策划、销售产品、场景体验、营销活动、营销工具、集客渠道、供应链、交付体验、赢利模式、人才合作、财务合规化、终端门店）中的某个节点升级。

梵客家装规模小时也打价格战，规模起来后就谨慎了，其根据市场变化和自身发展阶段开始转型升级。产品升级后会丢掉一些客户，但也会吸引追求品质的、不为价格所动的客户，如此企业才能良性发展，所以企业在发展过程中找准不同时期的发力点很关键。

（3）本地化深耕

深耕是本地扎透做深，毕竟浅尝辄止和全部投入会是两种截然不同的结果。装企一把手要有深耕的定力以及相对清晰的战略方向，先解决企业要做什么的问题，从大处着眼，小处着手去落地；还要具备登高的能力和远见，能够判断行业的趋势，看到未来3～5年的发展。船大难掉头，有了明确的方向就不能畏手畏脚，最好在发展过程中能沉淀出可迁移的系统性能力。

笔者走访了众多装企，近几年口碑好的区域头部装企有几个特征：一是深耕区域市场，这两年没怎么扩张；二是面向中高端客群，客单价较高，服务有成本，有利润、体验好才可持续；三是企业文化注重用户价值，坚持长期主义。

如被誉为湖南家装的"黄埔军校"鸿扬装饰，其回单率超过50％，朋友、亲戚推荐，主动上门的特别多，也有二十年前装修房子的用户又找鸿扬给孩子装修婚房，所以能以用户视角充分满足其需求的企业才可能吃到人心红利。总之装企应化繁为简，做系统思维，抓核心变量，持续深耕，未来是生存之战，不是利润之战。

第十章
拆解做好整装的能力模型

一、整装产品定义及五大分类

1.整装的定义及发展演化阶段

整装的定义：家装公司根据消费者的家装整体需求将设计、人工、辅材、主材、定制、家具、软装、电器等装修要素产品化，以平方米、单空间或整体空间报价，并负责售前、售中、售后的整体服务，且合同责任主体唯一，最终为用户提供一个整体解决方案。

整装产品的核心不是"全"，而是"整"，指的是整体性、统一性，内部组织是协调的，责任主体是唯一的，部品风格是一致的。笔者认为整装的发展演化有以下四个阶段。

整装1.0：硬装标准化基本跑通。

整装2.0：硬装＋定制、家具、软装等。

整装3.0：硬装＋定制＋零售＜个性化整装设计80％落地。

整装4.0：硬装＋定制＋零售＝个性化整装设计100％落地。

2.整装产品五大分类

①以爱空间、积木家为代表的标准化整装，采用相对有限的SKU，利用供应链集采优势给用户更有性价比的标准套餐产品，为满足更多个性化，也在扩充SKU，推出基于生活方式解决方案的整装产品。

爱空间从"天人群己"的精神需求里提炼出12种生活方式设想，并将其复刻到样板间，为用户提供一站式、场景化体验空间。后续推出"MAGIC""HOME"以及适合年轻人活力生活Y5系列、成长型有娃家庭L7系列、不被定义的未来生活X9系列产品覆盖不同阶段的用户。提出"去客化"概念，突破原有户型限制，打造量身定制的整装产品。

积木家花大量精力研究用户的家庭需求和房屋情况，在实际考察用户家庭和房屋情况后，针对性配置房屋功能。一方面满足入住后的短期功能，提高拎包入住后的幸福感和舒适度。另一方面还考虑未来5～10年的长期功能，保证承接长期居住的需求变化，如有了孩子就得顾及他的活动及收纳，和老人一起住还得顾及老人的适老及休息。

②以九根藤为代表的产品化整装，通过极致产品化整装服务下沉市场的刚需经济型用户，主打确定性和性价比。其产品化整装具有三大确定性特征。a.产品确定。提供30套风格样板间，每套产品包含硬装、全屋定制、成品家具、窗帘、电器、灯具、软装挂画、吊顶、电视背景墙等；不同风格分别有标配版和高配版。b.价格确定。按平方米和户型快速报价，用户输入户型、面积、楼盘等，系统5秒出标配价格，一口价，无增项，有减项，预算＝决算。如果用户不需要部分软装或家电，只需在减项表单勾选，对应的价格会从所报总价中去除。c.交付结果确定。样板间1∶1还原，实行项目管家制，去工长化，工费直发工人。

③以圣都为代表的中高端品质整装，采用的是A＋B＋C模式，其中A是标准化硬装、B是个性化设计、C是软装零售。这种组合模式既能满

足一站式用户需求又能满足个性化用户需求。

A：标准化硬装，固定套餐，无增项，无漏项，不限面积，把装修分解成108个节点，手机上就能查询施工进度，解决用户的担忧。B：个性化设计，平方米×单价，据实结算，根据用户需求，提供个性化定制服务，满足用户审美、生活方式、生活习惯。C：软装零售，包括家具、软装、电器、窗帘等产品，整体家装流程高效快速，让用户省时、省心、省力。

④以星杰国际设计、尚层为代表的高端设计整装。尚层以"一厘米宽，一公里深"的理念，通过一流的设计来整合高端品牌部品，为高净值人群打造与众不同的居住体验。尚层创始人林云松认为，"别墅生命体和人体是一样的，完整的别墅生命体有六大系统，包括建筑结构、能源供给、健康舒适、生活场景、美学和园林景观系统，目前尚层装饰所有的工作都在这六大系统里迭代和完善"。尚层整装X-系列包括X-VILLA别墅整装和X-Unit平墅整装。

⑤以华然装饰为代表的中高端个性化全案整装，以设计为主导，串联设计、选品、交付的整体家装解决方案。华然装饰成立于1997年，有500多员工，2023年产值在5亿元左右，线上小订转大订率为70％，大订转合同率为40％，没怎么投放广告，主要靠口碑，邀约比较精准，回单率可达45％左右。

华然装饰通过针对用户行为的研究，将用户分为9类，3大市场。对于每一类用户，华然装饰提炼出3大核心客群，深入了解他们的年龄、职业、性格、消费特征以及注重性价比还是品质等信息，从而实现更精准的用户画像。围绕客群定位、专业设计、产品整合、交付实力、整体服务和交付口碑六大基础做好全案，坚持精品化的家装理念。

值得注意的是，全案公司做整装与设计师利益之间存在博弈现象。做全案收设计费，客单价高，活少挣钱多，若是做了整装则收益构成发生了变化。全案公司整合的材料一般是大众款的便宜产品，材料返点收益低，设计师不愿意推荐；此外由于装企压价比较厉害，本地材料代理商和装企合作整装服务不顺畅，而由设计师推荐过来的高附加值产品客单价高，材料返点收益高，服务相对较好。

二、装企如何提高获客效率

1.综合性付费营销

（1）选获客渠道，与用户建立深度连接

装企需要结合自身资源、需求、渠道特性来选择运营或者付费投放，一是与产业链上下游的伙伴连接；二是与客群一致能互补的企业结成异业联盟共同推广；三是通过第三方平台实现全域流量触达，与CRM串联打通数据，对用户进行全生命周期运营。

以全域流量为例：区域市场密度较高及做大宅别墅且有一定规模的装企通过饱和式付费投流，借助足够的曝光度，初步占领用户心智，如全包圆、上海沪佳、红杉树、沪尚茗居等；"种树"是为了让品牌溢价，打入一定的圈层形成高端的认知，通过历史沉淀产生价值，如尚层别墅。

（2）构建社群，公域转私域

①确定社群定位。根据定位锚定目标客群，从需求、客单价、区域、年龄、职业、风格喜好、品牌倾向等不同维度锁定目标人群。

②聚拢线上、线下成员。聚拢线上成员：通过微信朋友圈、微信群组、小红书等渠道，吸引粉丝加入社群。聚拢线下成员：通过小区运营、门店活动、工地营销、老用户转介绍等吸引目标客群加入社群。

③评定用户等级。根据用户贡献值进行等级管理，贡献值包括线上填报信息、上门、交订、签订合同、内容分享、用户评价、转介绍上门量、

转介绍成单量等。积分越多，等级越高，兑换相应礼品的价值越高。

（3）运营裂变提高获客效率

裂变是基于人性设计一个的运营系统，能通过各类运营及活动不断激发用户转介绍意愿。要提高获客效率，需遵循一个原则即获客→成交→裂变→获客的闭环。

①社交关系运营。a.营销模块。市场运营部门负责对用户进行营销活动设计、文案策划及落地执行。b.数据模块。技术中台负责公司APP、小程序和微信端的业务运维、数据抓取、数据分析、流量监控等多方面的工作。c.内容模块。内容运营部门通过社群、抖音、公众号、小红书等渠道生产和推广内容，并负责品牌内容建设。d.用户模块。推动对目标客群的社交裂变和公域转私域的转化工作。

②活动裂变方法。a.分销活动。人人都是口碑推荐官，鼓励用户在社交媒体上分享体验，扩大分销活动声量。b.促销活动。与家具、家电、软装等相关品牌合作，联合促销，资源共享。c.投票活动。评选最美家，拍摄交付之后的照片同步给用户，邀请其参与活动，赢取奖励。d.测试类活动。用户输入户型、面积等，免费生成装修效果方案，利用节日节点举办测试类活动，推出优惠套餐，吸引用户下单。e.周年庆、答谢宴等。如恒彩家装组织答谢宴活动，明星助阵，邀请用户及合作伙伴等参加，现场组织抽奖等。

2.交付链路带来的综合返单

（1）设计回单

设计方案前置，将设计方案效果尽早呈现给用户，根据用户需求及时调整，直到用户满意。

确定设计方案签订合同阶段，用户信任度最高，如何在此时达成回单？多问少说，倾听用户需求，减少广而告之的方式，关键是为用户做好服务，而非销售导向。

其次，施工交付阶段，设计师要把控全过程，实现结果兑现。装修过程不可逆，设计师需要在施工关键节点确认方案是否落地，如果没有，要及时进行修正。若用户中途要更改设计，设计师要根据掌握的工程进度及时调整方案，尽可能低成本满足用户需求，提升其满意度。

若无转介绍，也要持续给用户提供价值或增值服务，为将来回单打基础。总之，设计师应最大限度发挥专业优势，为提高用户体验和回单率而努力。

（2）工程回单

如何做好工程回单？首先工人着装干净、工地整洁程度高等会带给用户良好的印象。其次准备好必要的营销工具，如扫码即可获取本户方案及报价、同户型其他设计方案及报价、VR全景效果图、公司最新活动详情及参与方式等。最后是从现场预交底到开工仪式、第一次现场会、水电交工、竣工仪式等，向用户展示专业、规范、细节。有的装企负责人为保障工程质量会经常下沉到工地，在工地见工人干活儿仔细——发包烟，表现好的——发包烟……总之找优点给予正反馈，工人自然干活更认真卖力，工程质量会更好一点，久而久之形成了正循环。

除以上细节外，要做好工地回单，还要着重解决以下系统问题。

如何打造工程质量控制闭环体系？

如何对工程部进行精细化管理、量化考核？

施工队、工程监理、巡检等有明确清晰流程吗？

延期带来的后续问题有哪些解决方案？

工程管理的制度、流程、各类必要图表及时更新了吗？

用户及潜在用户和工程管控档案资料有持续完善吗？

公司工地营销执行和标准跟随市场变化优化升级了吗？

……

（3）交付回单

交付阶段回单率不高，通常是用户体验未达预期，这其实也是充分挖掘用户不满意的机会点。解决售后的具体问题，做好保障，有助于提升回单率。

①设立售后专员并充分授权。对家装常见问题进行整理分类，什么问题该什么部门解决应提前梳理清楚，售后专员按照标准将用户的问题反馈给大家，相关部门第一时间认领责任并进行评判，不同的问题设定不同的权重和优先级，安排专人在指定时间进行处理。应做到小事能处理，大事不瞒报，不能因为问题涉及权力部门，导致得不到有效解决。

售后制度和标准应做到公开透明，让用户和员工都知道标准规范，反馈的问题就摆在那里，是否进行了处理大家都看得到，每个人都成为监督者。一线处理问题的人员应有权限调用材料或资金，同时做好记录。

避免与用户冲突，从根源上解决问题。家装售后出了问题，用户难免向售后专员或一线人员抱怨甚至辱骂，在用户不违背法律的前提下，服务行业应坚持用户无错原则，用户发现问题了，那一定就是我们的错，尽可能避免跟用户发生冲突，如果出现冲突，应尽力找出问题的根源，才能更好地解决。

看个阿那亚案例。有业主投诉路灯太亮影响其在卧室休息了，阿那亚就把那个影响业主的灯泡拧掉；有业主想演话剧，阿那亚想办法跟导演沟通改剧本，让报名的业主都当主演；业主投诉饭堂粥不够满，阿那亚就提供无限续碗。后来投诉路灯太亮的业主对阿那亚服务的服务感到满意，为其介绍了几千万的大单。阿那亚通过不断解决用户问题，驱动自身成长。从来不做广告，却能达到90%复购率和90%转介绍率。

②设立问题处理基金，不推诿，快速申领解决问题。当下永远是解决问题的最好时间，不要让问题发酵，拖得越久，装企隐性损失会更大，包括金钱损失、文化损失、品牌损失、口碑损失等。

负责任的装企应先解决用户的问题，之后再着手厘清内部责任。既然是维修和赔付费用的问题，装企可成立一个问题处理基金，材料费、施工费、赔偿费等所有费用先从处理基金支取。

③用户负面舆情处理办法。简单道歉信清单参考：第一，上来就要道歉；第二，说明道歉理由；第三，交代事件原因；第四，提出解决方案；第五，邀请公众监督；第六，再次诚恳道歉。按照这个格式写，就是一封有诚意的道歉信，至于合作伙伴和用户是否接受要看危机的程度和企业的品牌沉淀。原则上，装修用户口头上的吐槽、谩骂，甚至无理取闹和威胁等负面情绪宣泄是可以接受的，只要不涉及过多的经济利益都可以作出退让。

其实，当你觉得业主太麻烦甚至是没事找事时，逆向思考这个问题又是一番情景。要把挑剔的用户当成一次完善自己产品的机会，越挑剔越好，如果极挑剔的用户都能让他满意，再服务普通用户就会容易很多。

3.用户运营带来的口碑回单

（1）用户运营的四个原则

①搭建用户模型，绘制用户画像，实现更精准的用户触达和产品推荐，并不断跟踪深化用户画像，聚焦企业核心用户群体，针对用户需求及时调整产品适配度。

②以用户为核心，进行一系列干预动作，主要围绕开源（引入用户）、促销活动、转化和节流（减少流失）的闭环。明确运营目标，制定运营指标，包括第一关键指标和具体业务的阶段性指标。

③从"流量"思维转变成"留量"思维，从传统的"杀猪模式"转变为"养鱼模式"。与用户建立亲密关系，进行情感经营，如平时送问候、节时送祝福、适时送礼品等拉近与用户的距离。

④赋予前端业务人员（如顾问、设计师等）更多话语权，针对业务需

要及时配合，快速调动后端的资源。

（2）不同类型用户运营

根据紧迫程度、下单意愿等将用户大致分为A、B、C、D四类。

A类用户：已成交的老用户。做好全链路交付体验，增加其满意度，如下大雨了，在工地关好窗户然后拍视频发给用户——"哥/姐，窗户给你关好了"，似乎无足轻重，但感知不一样。给予人文关怀，打感情牌，以心相交。

B类用户：装修需求较急迫，有一定下单意愿的列为B类用户。这类用户重点跟进，与之建立良好的关系，如朋友圈的互动、主动解答问题、提供解决方案等。

C类用户：有意向，暂时还不能决定下单日期的列为C类用户。明确需求，再有针对性地解决问题，从多个方面探寻用户情况。

D类用户：有需求但不紧急的列为D类用户。偶尔私发公司最新优惠活动和装修案例，增强其信任感，做好定期回访。

三、交付落地的节点策略

1.装企工程管理模式

目前行业内最难的是没有通用型交付管理人才，当前大多数装企工程管理模式都是发包制，市面上主要存在以下四种发包模式。

①管理发包。项目材料及人工均由公司派出，由项目经理为核心形成的管理机制就是管理发包。一些项目经理还涉及派单、质检、协调设计师与用户之间的沟通等。管理发包结算方式有两种：第一种按面积结算，单价约20元/平方米；第二种按项目造价结算，一般提点5%左右，如西安圣都是以点位发包。内控价＋返点模式，此类模式相对较轻且介入工程能

管住工人。

②面积发包。套餐装企类似积木家或全包圆这类公司，按面积发包，如单价在280元/平方米左右。发包完面积范围内的人工和辅料一般由项目经理承担（有的不含辅料），其中差价即项目经理和公司之间结算后的结余，就是项目经理的既得利益。

③折算发包。传统装企多采用此种方式，像东易日盛、业之峰之类的半包公司，项目签完之后，通常通过打折，如打五五折或六五折发包给项目经理。

④核算发包。每个项目都有一个底价，在其基础上加8个点左右，如铺砖工费、水泥沙子共计60元，除以0.92，就是给项目经理的结算价。

核算发包的好处是项目经理挣的永远是固定点位，折算、面积发包都会存在项目不平衡导致的亏损。后续运营中如果有回头客，工程部会以签单额5%~10%作为激励政策之一奖励项目经理；其次是增项部分，一些装企对增项部分抽2成，剩下8成给项目经理，部分装企可能由于前期发包量不足，会将增项全部给项目经理。

整个行业多属于粗放型管理，传统装企还是基于人情世故，极少主动淘汰项目经理，考评制度的落地和监管也不到位。遇到责任心不强的项目经理，粗放管理往往会导致用户体验差，装修完用户不满意，甚至产生负面口碑等。

2.交付关键节点及策略要点参考

（1）现场交底和开工

用户行为轨迹和决策链路：①装修业主/设计师/项目监理/项目经理四方现场交底（水电交底、拆改交底、顶面吊顶交底、柜体定制交底、电气设备交底）；②设计师现场需求讲解（电路点位、水路点位、墙体拆改、柜体尺寸、空间修复项目、电气设备尺寸）；③有没有遗漏的项目，后期会不会出现偏差；④项目经理确定施工排期，时间安排是否合理。

用户体验关键点：①交底过程的精细程度（团队人员是否到齐？需求对接是否完整没有遗漏？需求标记是否清晰？）；②开工准备工作（装修手续办理：装修需求可证/垃圾清运。装修前置工作：封阳台/装地暖/风管机/钢构/拆除）；③开工仪式（创建装修服务对接群，施工时间安排表，空间需求清单表核对，拍照合影留念）。

运营策略要点：①交底流程设计（交底需求备忘录，空间需求讲解标记规范）；②施工衔接流程设计（施工对接服务备忘录）；③开工仪式流程设计（开工仪式工具包，开工流程标准规范）。

（2）施工前准备工作

用户行为轨迹和决策链路：①物业处装修手续办理；②前置施工项目实施衔接（拆除改造施工、地暖施工、风管机安装、封阳台施工、垃圾清运手续）；③材料下单配送备货（辅材、主材）。

用户体验关键点：①筹备期时间需要多久？②需要衔接的第三方项目是否可以帮忙对接？

运营策略要点：①协助第三方项目实施的流程标准；②筹备期的进度汇报机制，不要让用户等。

（3）施工进度把控和节点验收

用户行为轨迹和决策链路：①空间保护；②墙体拆除和垃圾清运；③墙地顶面修复处理和墙地固涂刷；④水电、木瓦、油路施工；⑤主材安装（地板、瓷砖、吊顶、木门、电器）；⑥洁具、橱柜安装；⑦硬装拓荒保洁；⑧定制品安装；⑨灯具照明安装；⑩家具软饰配送安装（床、沙发、餐桌椅、茶几、电视柜、窗帘、壁纸等）。

用户体验关键点：①施工进度汇报（图片视频拍摄，施工注意事项说明）；②节点验收汇报（节点图片视频拍摄，验收结果说明，验收问题处理机制）；③问题处理汇报（问题提报渠道和流程，问题解决进度汇报）。

运营策略要点：①施工进度汇报流程和标准设计；②节点验收流程和标准设计；③问题处理流程和标准设计。

（4）施工过程中沟通衔接

用户行为轨迹和决策链路：①厨房——自购电气设备协助安装适配（烟机灶具、冰箱、消毒柜、洗碗机、电烤箱、燃气表、燃气热水器、照明灯等）；②卫生间——自购电气设备协助安装适配（马桶、洁具等）；③客厅/卧室——自购电气设备协助安装适配（电视机、空调、饮水机、投影仪、窗帘、灯具等）；④阳台——自购电气设备协助安装适配（洗衣机、烘干机、晾衣架等）。

用户体验关键点：用户自购产品跟装修施工的衔接问题，如规格尺寸是否适配？是否可以顺带安装？

运营策略要点：①各空间衔接的电器和设备规格合集（尺寸大小，安装注意事项）；②各阶段需要安装的电气设备对接流程和标准设计。

（5）竣工确认验收

用户行为轨迹和决策链路：①全屋硬装验收；②全屋软装验收；③全屋定制验收；④装修尾款缴纳；⑤装修资料回收（门禁卡、大门钥匙等）。

用户体验关键点：①各环节验收标准（硬装、软装、定制等）；②尾款缴纳方式。

运营策略要点：①硬装/软装/定制验收标准设计（标准是否有参考依据，标准是否被用户认同）；②尾款收取的流程和标准工具（支付工具——是否支持在线支付，针对用户疑虑的解答）；③装修竣工交付仪式和工具包（竣工交付仪式，竣工合影留念、用户采访、拍暖房视频等，口碑用户礼品包，装修质保卡和保险卡等）。

四、装企组织提效

1.为什么要进行组织提效

①老牌装企组织红利到头。来自家电行业的人才输入对家装行业的改造很大，如曾吃到组织红利的老牌装企东易日盛，随着装企规模扩张后，其增长乏力或遭遇发展瓶颈，高管陆续套现离场；营业收入增量减少，人才发展遇阻，组织红利逐渐到头。

②适应装企规模变化。不管装企规模扩大还是缩减，需要的管理能力和组织效率是不同的，组织提效重塑了组织结构及流程，能助力装企不断适应新局面。

③管理改进和优化。在保证团队组织相对稳定的基础上，管理改进和不断优化组织结构，决定装企的能力成长边界。

④打造持续竞争力。市场变化，曾经的组织后继乏力，就需要通过学习机制和方法论不断提效，增强团队的持续竞争力，适应新挑战。

2.组织提效的要点

（1）效率提升的重点是选对人

人作为装企组织最基础、最小的单元，如果人岗不匹配，就会导致工作效率低下；人人不匹配，可能导致团队不稳定；角色不匹配，导致团队人才类型单一；潜力不匹配，不利于长远发展。所以效率提升的重点是选对人，即人岗匹配、人人匹配、角色匹配、潜力匹配。

人岗匹配是指人员与岗位的匹配度要高；人人匹配指的是人员之间要"气味相投"；角色匹配指的是团队成员之间能够优势互补；潜力匹配是指选择被社会埋没的高潜力人才。装企不应局限在硬性标准范围筛选、培养人才，而是尽可能扩大范围，注重不同层次、类型的人才选拔培养。美国合益咨询公司提出一个模型，通过四个维度来判断人才潜力：①学习积极性；②眼界宽度；③共情能力；④成熟度。

除内部分工和自我的效率外，还要以"分层""分工""分权""分利""分享"的上下游以及内外部合作协同来满足装企对整体效率的追求。

（2）装企内部中台为个人赋能

①装企内部中台为内部员工赋能。如产品化整装的设计前置，解放了设计师，提高了人效。②内部中台为合作的相关从业者赋能。如星杰2022年进行组织变革，通过设计师平台化，为合作设计师赋能，降低公司的管理成本和风险。③内部中台为外部设计师赋能。未来装企内部中台可能会更开放、兼容，可以为行业各类相关从业者赋能。

（3）管理机制扁平化

装企管理机制向层级缩减的扁平化转变，通过减少管理层级，增加管理幅度，精简管理流程，缩短最高决策层到一线员工之间的距离，增强各层次之间的沟通，凝聚共识。组织成员在商业竞争过程中，自发、自动、自主地为实现组织目标而努力，通过同频共振形成自组织，进而共生进化。

如齐家典尚成立15个事业部，每个事业部18人左右，这种偏向于阿米巴的事业部制度在一定程度上提高了人效，其创始人陈祖浩认为装企组织传统架构内耗太严重，现在不能盲打盲做。

（4）组织衰减与激活

组织是一个有机整体，组织衰减的根本原因是组织封闭，约束了团队和成员的创新及内在能力，导致对外部环境变化不敏感，逐渐失去活力和学习力；其次是危机意识淡薄，部分中高层领导没有大局观，无法适应市场突发变化；最后是组织内部山头林立，出现熵增。

组织激活：装企老板和核心高管的重要责任是成就员工，不断激活人才。好的领导除了创造好的业绩，还必须孵化和裂变更多人才。还要增强危机意识，主动走出舒适区，面对复杂的外部环境，不要观望，要躬身入局，如业之峰张钧2024年国庆节前宣布"二次复出"，亲任总裁，决心带领业之峰穿越周期。

总之，装企要考虑开放式授权组织，构建以用户端为基础的矩阵式、事业部组织类型的扁平化架构，在实现整体利益追求的同时，最大限度实现每个成员的利益追求和多个方面的成长。

3.头部装企是怎样做的

①尚层坚持自己培养人，这类成长起来的人认同公司企业文化，忠诚度高，和企业关系紧密，设计师只招科班出身的，且淘汰率大于流失率。为了让设计师更懂用户，定期请一些高端用户讲课，涉及面广，内容相对宽泛，以增长设计师见识，方便更好地和高端用户沟通，促进成交。

善于分利，工资占营业收入比重超过20%，深圳设计师月工资最高20万元，这对员工形成有效激励。

分总每周抽一天上课，以便达成共识，思想较为统一，内耗少。

每年公司高层邀请工作满一年的老同事团聚，交通、住宿由公司负责，不少员工因此重回公司，节省了大量培训费用。

②喜百年黄小飞认为相较于一线发达城市，贵州的教育体系、人才的孵化和储备都略显落后，为了突破组织最大的瓶颈——人的复制，喜百年自己组建百年学院，来提升工人的专业技能水平。

定期组织工人进行专业培训，包括施工工艺、行业安全生产知识、最新案例和操作要点等多个知识领域。

员工成长和晋升通道成体系化建设，如系统的培训体系，统一岗前培训，入职后一对一辅导，集团管理中心定向跟踪培养；晋升体系透明，普通员工→储备主管→主管→部门经理→分公司负责人（高管＋合伙人）；

团队年轻，有活力，人员稳定，善于学习等。

笔者认为，好的组织力一定是共同成长和彼此成就的。

利益分配是基础，晋升和成长让员工在公司的发展更有空间和可持续性，价值观和行为规范能让大家在一条船上同进同退，降低熵增。

同时建立容错机制，允许有能力的员工或管理层在创新过程中尝试和犯错，总结成功方法论并推广到全公司。

人性化管理，建立符合企业发展阶段的激励机制，激发团队成员的向心力和创造力。

五、信息化建设四阶段：点、线、面、体

进行信息化建设之前，装企要确定信息化建设的长期战略目标和企业发展战略的一致性，明确具体目标，如提升管理效率、优化用户服务、实现数字化施工、满足业务需求等。信息化是基于点、线、面、体逐步建设及实施，为提高人货场协作效率及管理水平的系统性工程。

"点"是指基于实际需求局部点状信息化实践，如用户管理体系、办公自动化体系、人力资源管理体系、项目管理体系、财务管理体系、供应链管理体系、企业资源计划系统等。中小装企资源相对有限，更要注重效益和用户管理，建设信息化成本控制体系，简化CRM系统。侧重提升项目管理和服务水平，通过信息化建设对项目进度、质量、成本等进行实时监控和调整。

"线"是根据业务线进行划分，将各个点状的信息化实践有效连接，实现业务线的整体协调和联动。区域头部装企，面对较强竞争和较多用户群体，侧重点在品牌形象和服务水平，通过大数据分析，挖掘用户行为、市场趋势，提供精细化服务，同时不断提升品牌形象。实现全面信息化建

设，包括用户、工程、财务等体系化管理，建立专属数据库，对用户画像进行深入分析，通过实践运营不断迭代系统，提升决策效率。

"面"是对"点和线"的深度连接，有明显"平台"特征，总部全面打通企业的设计、财务、业务、信息、人才、技术、管理等体系，且能为直营店或加盟商赋能。多个核心城市产值在1.5亿元以上的规模性装企，其部分能力平台化，需通过业务、管理、技术、工具、组织、人才完美融合以提高组织协同、业务协同、内外协同等能力，确保品牌形象和管理的一致性，提高标准化施工流程及服务标准。

"体"是产业链上下游高效连接、打通和融合，构建装企信息化生态体系。全国头部装企可以进行这方面的尝试。

1.装企信息化建设关键"点"

以人为本，找到切入点，解决发展过程中遇到的痛点问题：对业务影响较深的关键点，如不解决则业务无法推进；对业务有普遍影响的关键点，如牵一发而动全身的交付环节；对业务具有非常高价值的核心点，如大店模式为用户带来更好服务或体验、加强口碑及品牌建设，分店模式降本增效、标准化运营等；对业务有巨大阻碍但相对容易实现的优化点，如设计、营销、在线沟通协作等。

这一阶段核心是单个轻量化应用，介入大家居业务面较浅，一般为销售前端，仅提高某一环节的效率，如量房神器、3D云设计、VR等。

2.装企信息化建设"由点到线"

①装企业务线未打通前存在重复录入、信息冗余、数据不准确等问题，因此需要数据量化、集成，打通数据孤岛和挖掘数据价值；其次是关键数据标准化，以施工交付为主线，对业务端和管理端实现高效协同管理。

②流程能力建设，跨部门、跨层级对业务流程优化设计，明确业务流程中的管理、组织、岗位职责、评分考核，达到项目层面的优化。通过跨部门对数据和信息进行提取，生成对不同管理层实用的报表、监控信息及风险预测等，让管理简单、高效和有效，让管理者决策更敏捷、更准确，以应对未来变化。

生活家白杰认为，家装公司底层逻辑不应该是流量逻辑，要回到消费端的体验逻辑和供给端的效率逻辑，数智力是整装→破局的关键。生活家目前基于交付、管理和业务场景做数字化。

数智力→赋能（产品）→中台研发，基于消费人群画像洞察的场景级产品；数智力→赋能（服务），基于中台打造的数智技术赋能下的标准化服务链路，降低对前台个体的要求，由组织提供能托底的服务价值。

交付方面主要集中在三个纬度进行信息化建设，即效率（智能排期：一房一工期，订单智能化，异常管理）、质量（验收标准透明化，巡检透明化，云检透明化，验收透明化）、成本（精细化的定额体系，智能结算，异常工费管理，供应商自动对账）。

"由点到线"的背后是基于大家居业务某段产业链条带来的深度变革，如FMS（柔性制造系统）、ERP、BIM等。

3.装企信息化建设"由线到面"

①业务和管理：装企数字化建设一定得围绕战略定位和商业模式全面展开，包括组织架构、文化、人员角色及权限；用户管理与来源、跟进、节点、流程；报价形式、报价模板、决算方式等；施工交付的施工节点、施工计划、执行标准、验收巡检规则等；售后服务、质保维修等；供应商信息、商品信息、品牌类目信息等；财务收款、结算方式等；信息、业务充分融合，管办分离等，获得更高层次的能力，如提高信息的价值、自动化甚至智能化应用。

②技术和工具：人工智能、数字孪生、AR/VR、大数据、云计算等。信息化建设离不开技术和工具的突破和支持，但也要避免走入"唯技术论""唯工具论"的误区，毕竟技术和工具都是为人服务的。

③组织和人才：相比传统金字塔式层级组织架构，数字化组织具有网络化、融合化、无边界化、数驱型、平台型等特征，装企数字化转型的关键是具有数字化建设、管理及应用等能力的人才。

如金螳螂家打造的"一产品五系统"，其线上支付平台可以将线上签约后的装修款直接放入托管系统，避免家装门店圈钱跑路，保障了装修款的安全。金螳螂家标准化、全链路数字化系统打造，还能为中小装企信息化建设助力。

"由线到面"的特征是基于点、线的成熟和融合，与商业模式融合，如S2B、产业工人、物联网等，可以实现业务赋能和快速复制。

4.装企信息化建设"由面到体"

"由面到体"的具体表现是多个面的叠加，是整个大家居产业生态等数据的协同。数据化不再是固化或者优化现有流程的工具，而是再造未来的发动机。

目前绝大多数装企信息化建设处于点、线、面阶段，信息化建设是业务和管理，即数实融合的探索，基于人性的复杂程度，无法一蹴而就，其最终考验的是装企领导人的领导力和战略定力。

伴随房地产调整周期、老房市场增量增加需要周期以及马太效应等因素叠加，家装行业重组会持续3～5年。面对巨大的市场变化和流量拦截正面交锋，头部装企要应对这种结构性变化，一定是流量、产品、交付、组织力、信息化五个能力协同式发展。

名 词 释 义

① "装企" 特指家装公司，不含工装。

② "装修" 主要指 "住宅装饰""家庭装修""家装"。

③ "业主" 指房屋产权所有人，在装修过程中等同于 "用户"。

④ "顾客" 原指购买物品商品的人，现解释为消费者。

⑤ "客户" 和 "用户"，二者只是侧重点不同，在实际生活中经常混用。装企在内部沟通时都会习惯性地称装修顾客为 "客户"，"客户" 是生意的主体，含有交易的成分，重点在于成交，是弱连接；"用户" 常在互联网公司提及，"用户" 是使用产品和服务的主体，含有使用反馈的成分，重点在于服务，是强连接。在具体语境中无差别时，本书偏向于使用 "用户"，以强调家装产品的重服务属性。

⑥ "用户品牌" 指被用户认可的品牌，等同于有口碑的品牌；"普通品牌" 指知名度高，但未必被用户认可的品牌。

⑦ "低端颠覆" 是指在技术进步的速度超过市场需求速度的情况下，产品性能过度，存在未被满足的用户需要，他们需要价格更低、性能更简单、更方便消费使用的商品。

⑧ "第一曲线" 指连续型创新模型，也称S曲线，具有一线、两点、三阶段。一线：该S曲线。两点：第一个点叫作破局点，过了破局点就会产生自增长，没有过破局点就是简单的重复；第二个点叫作极限点，也叫失速点，过了极限点可能进入衰退，也可能跨越非连续性开启第二曲线。

三阶段：第一阶段是初创阶段，第二阶段是发展阶段，第三阶段是衰退阶段。

⑨"第二曲线"是第一曲线达到顶峰之前就开启的分形创新，当第一曲线增长放缓时，企业通过心智、组织及业务切割等开启的能够破除非连续性的增长阶段称为第二曲线。

⑩装企门店经营指标相关概念：

净利润＝毛利润－费用(经营成本)；

毛利润＝产品售价－产品成本；

产品成本＝材料成本＋施工成本＋仓储物流成本＋主材安装成本；

费用＝固定费用＋变动费用；

固定费用＝房租、物业、水电等费用＋人员基本工资＋门店装修分摊＋办公费用等；

变动费用＝营销费用＋人员提成＋促销礼品＋刷卡手续费＋售后赔付等；

损耗＝合同额×（实际营销费用率－6％），6％是经营模型的营销费用率；

营销费用率＝营销费用/营业收入×100％。

⑪VDCO: Video Digital Content Optimization（可视数字内容优化）。

⑫CDCO: Cost Design and Construction Optimization（成本设计与施工优化）。

参 考 文 献

[1] 里斯，特劳特.定位[M].王恩冕，译.北京：中国财政经济出版社，2002.

[2] 德鲁克.动荡时代的管理[M].姜文波，译.北京：机械工业出版社出版，2006.

[3] 格鲁夫.格鲁夫给经理人的第一课[M].巫宗融，译.北京：中信出版社，2007.

[4] 克里斯坦森.创新者的窘境[M].胡建桥，译.北京：中信出版社，2014.

[5] 穆峰.装修新零售：家装互联网化的实践论（精编版）[M].武汉：华中科技大学出版社，2020.

[6] 华杉，华楠.华与华方法：企业经营少走弯路、少犯错误的九大原理[M].上海：文汇出版社，2020.

[7] 冯卫东.升级定位[M].北京：机械工业出版社出版，2020.

[8] 李善友.第二曲线创新[M].北京：人民邮电出版社，2021.

[9] 穆峰.增长思维：中国家居家装经典商业评论[M].武汉：华中科技大学出版社，2021.

[10] 吴建国，景成芳.华为组织力:构建持续打胜仗的团队[M].北京：中信出版社，2022.

[11] 穆峰.装修口碑怎么来：重塑用户体验场景[M].武汉：华中科技大学

出版社，2022.

[12] 穆峰.破局思维：中国整装零售经营管理评论[M].武汉：华中科技大学出版社，2023.

[13] 曾鸣.智能商业[M].北京：中信出版社，2018.

[14] 梁宁.产品思维30讲[EB/OL].[2015－01－08].https://m.igetget.com/share/course/pay/detail？id＝wpAkQqxR0EoV7OQsMbVgnMzdLlmar&trace＝eyJzX3BpZCI6IjEzMiIsInNfcHR5cGUiOiI2NiIsInNfdWlkIjo1NjMyOTQxMTR9.

后　记

使命驱动，一同进步

2024 年真的很难，大家有不同的体感，很多时候要靠心力来支撑，得找到自己的使命，甚至重塑使命。书里讲了很多战略、策略和方法论的内容，这里我还是想聊聊形而上的感悟，希望与坚持长期价值的伙伴们一起逐光而行，向阳而生。

1.回归初心，找到使命

（1）找到自己的根，让价值正循环

我在北京待了六七年，公司也注册在北京，但运营团队在西安，平时出差多，去长三角、珠三角和华中地区最多。我很感谢北京这座城市，虽然我就是土生土长的西安蓝田人——一个日暖玉生烟的地方，上大学后才去了外地，毕业后去北京发展，做一名营销策划人。

以前觉得一线城市上档次，有背书，好几年没将微信展现的地区从北京切回西安，其实西安才是我的根。进，外出跑调研、走访，做企业服务；退，静下心来，思考、写东西，出了六本书。西安厚重的文化、秦人的韧劲和不屈，让我持续深耕大家装行业，在跌入深渊时也能看到一束光。

进入大家装（家装家居）行业十年了，前十年的实践、思考和总结只够勉强完成美好作品，而灵魂作品的出现是在愿力有余，心力足够，躬身实践，击穿阈值，开悟明智，才会知者不惑，才可能完成使命；所以要感谢那些信任我们的客户，以及未来更高质量、彼此成就的客户。作品的进阶就是在服务客户的过程中，内化提升形成更好的方法论、模型和体系反哺到内容里，让书进化；优质的书再吸引更高质量的客户，形成更好的模型、方法论和体系，再继续让书进化，从而形成价值的正循环。

（2）"心力"与"知行合一"

2024年年前有一段时间我很痛苦，按计划这本书要冲刺美好作品，但当时心力不够，根本无法完成这项重任。写书本身从商业上很难成立，投入产出比低，也就少有人干，我只是当成了使命在惯性式往前走。但写一本普通的书容易，进阶到美好作品那就很难了，除了实践积累、近三年准备及专职研究员累计历时八个月的资料整理、初加工，还差我的"心力"。很多人是愿力有余，心力不足，我也一样。但春节去了汉中市镇巴县简池镇后，我感受到了力量，感受到了"超我"——那个平行世界里的我，周围有巨大的能量场。

有个问题很扎心，为什么经历了很多事，学过了很多道理，却仍然过不好这一生？不同的人有不同的答案。我的感悟是，"知""行"是两个人，处在不同的纬度、不同的世界，是本我和超我。如何相遇？一是经历要痛，跌到深渊，半夜惊醒，直冒冷汗，能切身感受到绝望，极度恐慌；二是能力要够，积累很足，但总感觉差临门一脚，不得要领；三是有贵人相助，其认知高、有能量、格局大、视野广、有触感，有你渴望弥补的短板，愿意跟你讲，能影响到你，最重要的是他足够真诚，让你感同身受；四是差个能量场，就像王阳明龙场悟道一样，天时地利人和都不能少。和场里的能量是否合一，这要看运气，触发"超我"与"本我"连接。

（3）十年终见"他"，我恍如隔世

以前很不理解，为什么有些人眼里有光，走路带风，总是精气神足。

我身边就有一位，2018年在众创空间一起办公，对他的印象就是这样，我还特意留意他不顺或今天有烦心事时的状态，大致不变。最近我才明白了其背后的心境，体会到了他的这种状态："所遇皆是风景，所见皆为美好。""皆为美好"便是开启这种心境的钥匙。即使原本看到了不美好也会换一种心境，看到的、触达的，一切都很美好，所得也皆美好的正反馈。你来我往中，看到了美，看到了坦然，也看到了内心的笃定。

十年弹指一挥间。人常说量变引起质变，也终于有一丝变化了。春节在简池镇待了五天，这就像个天然的道场，蕴含巨大的能量。远山、小溪、吊桥、水车、菜地、祖坟、老宅、古树……还有最重要的五世其昌、人丁兴旺的大家族，有内部提携、取长补短的亲戚，有经常走动、团结互助的邻里，有通达人情、与时俱进的后辈……我顿悟了一些"常识"，知行合一难就难在"知"和"行"没在一条水平线上，是两个平行世界的人，在等待相逢和把酒言欢，这寻常的一天，我似乎看到了"他"，那一刻，我恍如隔世。

2.使命驱动，一起前行

（1）因为热爱，所以专注

经常被问到知者研究是做什么的，简单来说，知者研究是一家使命驱动的公司，一直深耕大家装研究并持续出版高质量的相对畅销的行业专著，从作品到美好作品再到灵魂作品，为行业写一本好书，我一直在路上……

2022年底《装修口碑怎么来：重塑用户体验场景》上市，2023年2月24日在上海同辰学堂举办了第二届整装零售50人论坛暨新书发布会。总体来讲，这本书比《装修新零售：家装互联网化的实践论（精编版）》往前迈了半步，但还达不到我认为的美好作品的程度，介于作品和美好作品之间，但也是一种进步。

2023年9月底，《破局思维:中国整装零售经营管理评论》上市，是知者研究在大家装领域的第六本书。10月18日在杭州成功举办了第三届整装零售50人论坛暨新书发布会。

2025年1月《价值模型：家装公司的可持续发展从战略到落地》上市。同时聚焦家装产品研发及落地的第八本书《装企产品研发与材料部品协同指南》也已经针对装企和部品进行了大量问卷调研，计划2025年8月上市……

（2）知者共创社，一同进步

2024年成立知者共创社缘起是2023年3月底积木家董事长尚总（尚海洋）跟我聊天，说能不能成立类似于黑马训练营的家装家居组织，大家一起学习，之后我一直在琢磨，怎么落地？应该将什么样的人聚在一起？没想明白。

这些年奔走于行业研究与企业咨询服务的路上，认识了许多志趣相投的人。某一刻我动了一念，能否把不同区域同样优秀的家装家居行业的创始人或高层联合起来，共创长期价值。

2023年10月，《破局思维：中国整装零售经营管理评论》新书发布会之后，那个念头基本成型。年后我豁然开朗，在这关键的破局之年，是时候把"气味相投，同频共振"的人聚集在一起了，抱团取暖，一起前行。我们联合首批全国30余位80后、90后家装家居行业的创始人或高层成立"知者共创社"。

这是共创性、学习型组织，由知者研究发起倡议，秉承三点：一是长期主义的坚持和坚守，立正念，走正道，挣慢钱；二是信奉价值创造，给客户创造真正的价值，推动行业进步；三是爱学习，善总结，有一定的分享意愿。这也是将知者研究和我本人的特点放大了。大家在一起，不拘束，有趣，好玩，携手共进，一同进步。

2024年4月10日知者研究在古都西安正式启动知者共创社的首场活

动，城市私董会西安站暨启动仪式；10月22日举行了成都站私董会暨新书研讨会，研讨胖东来式家装；12月23日又举办了佛山站私董会暨新书研讨会，聚焦整装和产品思维。

陈忠实老先生写《白鹿原》前说：如果到了50岁还写不出一部死了可以垫在棺材里当枕头的书，这辈子算白活了。我为灵魂作品的诞生会再用十年准备……我相信不放弃就有希望。有梦想的人都是一样的，热爱、执着和专注。

2024年12月29日于贵阳

业 界 好 评

穆峰老师是中国家装行业难得的集深度理论研究和实操于一体的思想家、实践者。他将中国家装行业发展严谨和富有创见的思想凝结成了一系列专著，对推动家装行业的"思想进步"起到了非常积极的作用。

如今其新作《价值模型：家装公司的可持续发展从战略到落地》面世，该书聚焦家装行业三十年发展的最核心命题：如何改变家装公司生命周期普遍短暂的状态，通过真正的价值塑造实现家装企业和行业的可持续性发展。

本书从家装企业战略设计到战略实操落地，做了深入而具体的探讨，全面解剖了家装行业和家装企业价值塑造的关键所在，指导性很强，是一部颇具启发性、实用性的优秀家装企业操作指南。

上海市室内装饰行业协会会长、聚通装饰集团董事长　徐国俭

穆峰老师的第七本新作问世，本书深入剖析了存量时代装企生存策略的底层逻辑，无论是对装企长期价值的解读，还是对新消费趋势下装企精细化管理运营的指引，都有着鞭辟入里的分析。本书从问题本质出发，对行业的可持续发展和打造装企的核心竞争力都具有重要的指导意义，是一本不可错过的企业经营指南。

上海统帅装饰集团董事长　杨海

《价值模型：家装公司的可持续发展从战略到落地》是一部引领家装行业新风尚的力作。作者凭借深厚的行业洞察力和实战经验，创新性地将

价值模型与家装公司的可持续发展战略紧密结合，打破了传统家装行业的固有格局，真可谓独树一帜。

书中不仅提出了切实可行的战略规划，更将战略细化至每一步落地实践，让家装企业能够精准把握市场脉搏，实现高效运营。这不仅是一本理论性强的著作，更是一部实战性、指导性强的操作手册。这本书鞭辟入里地剖析了战略落地的每一个细节，真正做到了知行合一。正如《孙子兵法》所言："夫未战而庙算胜者，得算多也。"

华浔品味装饰成立以来，一直坚持长期主义发展和专业主义，每年组织集团及各单位开展战略研讨会；2019年我们推动了平衡计分卡作为解决华浔从战略到实施问题的工具，效果显著。而穆老师的书更全面地介绍、分析了家装企业经营中的关键落地要素。

此书不仅值得家装企业经营者、管理者研读，也适合刚进入家装行业的人士学习，是整个行业转型升级的必备宝典。

华浔品味装饰集团董事长　夏振华

祝贺穆峰老师第七本著作面世！《价值模型：家装公司的可持续发展从战略到落地》是他对家装行业发展洞察的智慧结晶，更是多年来追求长期价值，一以贯之的坚持，这与南鸿装饰把客户满意度提升到公司的战略高度，做好标准工艺培训，守住行业底线，促进良性竞争的坚守是相通的。庆幸家装行业有穆老师这样专注、勤奋的专家在推动行业发展道路上持续努力。相信未来无论行业怎样变化，总有一批人因为热爱，始终坚守并推动家装行业走向美好。

南鸿装饰集团董事长　祝旭慷

家装行业需要有专家从独立的视角去剖析，从长远价值上去梳理，从激烈的竞争中穿透本质。穆峰老师正是这位"知者"，长期专注于家装行业的研究，深入奔波于家装公司一线，冷静而独立地发现问题，从更高维度上去拎出实质，再笔锋犀利地建立新理论模型，努力帮助家装行业发展到新的战略层面。

海天恒基装饰集团董事长　海军

穆峰老师的《价值模型:家装公司的可持续发展从战略到落地》是一部深度解析家装行业可持续发展的力作。书中不仅构建了装企五要素能力模型，还详细阐述了四个关键变量，为传统装修公司和部品材料商提供了转型的实用指南。穆峰老师以其深厚的理论功底和丰富的实践经验，为家装企业指明了发展路径，对于提升获客效率、应对存量市场竞争、把控发展节奏等问题提出了独到见解。本书内容翔实，操作性强，是家装企业实现可持续发展的重要参考。

铭品装饰董事长　张一良

穆峰老师无疑是家装领域中理论与实践的集大成者，其积累的丰富经验、深刻见解，在本书得以完美呈现。书中精心拆解的装企发展要素及关键变量，犹如一把把精准的手术刀，剖析了装企发展的核心脉络。多处价值观念与山水装饰集团坚守理念不谋而合，读之能印证心中所想，常有启迪，即使资深从业者也能汲取智慧与力量，值得用心研读。

山水装饰集团董事长　宋春红

家装业变革之际，穆峰老师的佳作乃破局关键。本书深度剖析家装公司战略落地之道，以创新视角解读可持续发展密码。从精准定位到高效执行，步步为营，为企业勾勒清晰蓝图。无论是战略布局，还是实操细节，都能让家装从业者从中汲取智慧，开启成功新篇。

天津信日装饰集团董事长　张强

在不到十年的时间里，穆峰老师已经完成了他的第七本专著——《价值模型：家装公司的可持续发展从战略到落地》。这本书，不仅凝聚了他对家装行业的深厚情感与独到见解，更堪称家装行业的战略宝典。它如同一座灯塔，为家装行业的经营者们指明了前行的方向。

浙江十杰装饰创始人　雷震

穆峰老师的书以精练的观点，翔实的案例，深入浅出，逻辑清晰，成为家装企业的经营指南。这本新书持续关注行业发展热点，聚焦企业经营难点，既讲到战略是装饰企业持续发展的破局之路，也详尽说明了落地实操的要点，是难得一见的一本理论结合实际的好书。

华然装饰集团董事长　陈宏

穆峰老师新作《价值模型：家装公司的可持续发展从战略到落地》意义非凡。深度剖析了家装企业发展核心，构建关键模型与变量，为行业指明方向；深度解析装企发展的五要素与四变量，是家装行业智慧的高度凝聚。我由衷赞叹其对行业深刻洞察与不懈钻研，此书无疑是装企突破困境、实现可持续发展的宝藏指南，必将在家装领域掀起智慧浪潮，推动行业革新升级，让装企在复杂多变的市场中找准方向，稳健前行。

重庆天古装饰艺术设计工程有限公司总经理　胡玉军

《价值模型：家装公司的可持续发展从战略到落地》是每一位家装行业从业者不可错过的战略指南。穆峰老师以深厚的行业洞察和实践经验，深入解析了装企发展的核心模型与关键变量，为破解瓶颈、实现长远发展提供了明确路径。这本书既是理论的高度凝聚，也是实操的宝贵指引，帮助家装企业在复杂市场中稳步前行，是每位从业者的宝贵参考。

翼森集团CEO&翼森家装创始人　魏开宇

在家装业变革的浪潮中，穆峰新作《价值模型：家装公司的可持续发展从战略到落地》重磅登场！穆峰以独立冷静之姿，深入行业一线洞察剖析，创新构建装企长期发展五要素能力模型与四变量。从获客、产品至交付、文化，步步精析，为装企与部品商在乌卡时代的迷雾里精准导航，堪称破局发展的智慧宝典，从业者不容错过！

山水装饰集团副总裁兼全案公司总经理　裴智松

《价值模型：家装公司的可持续发展从战略到落地》是一本家装行业的转型宝典，它不仅深刻解析了行业的可持续发展之道，更为企业如何在复杂多变的市场环境中稳健前行提供了实战策略。万泰装饰一直在探寻装企的创新发展之路，尤其是在家装行业进入个性化定制和存量房改造的新时代，本书对家装企业的获客、产品、交付等核心要素进行了细致拆解，同时强调了企业文化和市场节奏的重要性。对于想创新、突破的装企来说，这是一本不可多得的指导手册，强烈推荐给家装同仁，让我们一起探索行业的新未来。

万泰装饰总裁　柳方洲

穆峰老师于家装界的贡献有目共睹，其新作《价值模型：家装公司的可持续发展从战略到落地》意义深远。身为家装人，我对他在理论与实践上的深度融合满怀敬仰。其理念与我司追求踏实做家装、注重客户体验高度共鸣。我们曾有幸合作，在他的启发下突破发展瓶颈。此书剖析的装企五要素能力模型及四个关键变量，是转型与进步的关键指引，必能助家装业再攀高峰！

楚邦上易装饰集团董事长　毕国庆

最早与穆老师结缘于他2017年所著《"颠覆"传统装修：互联网家装的实践论（第二版）》一书，书中的"人效，标准化，及降低对人的依赖"等模型以及理念对我触动很大，后来我邀请穆老师考察九根藤、举办读书会等，彼此不但结下深厚友谊还促成了战略合作关系，在穆老师的帮助下，九根藤正式确立并开始践行"产品化整装"这一核心理念，始终致力于聚焦客户需求，服务好客户。如今凝聚穆老师十年经验与洞察的新书《价值模型：家装公司的可持续发展从战略到落地》问世，不但为发展陷入瓶颈的企业提供了更多视角和方法，还为我们公司的进一步发展提供了新思路。祝新书大卖，同时期待穆老师更多佳作！

九根藤集团董事长　谭峰

我长期关注知者的观点，也非常认同其中的很多理念，而誉家装饰8年的发展验证了这些理念价值。知者研究穆峰老师的新作《价值模型：家装公司的可持续发展从战略到落地》与时俱进，为家装行业、家装品牌在不确定的时代(VUCA)，做确定的事（创造价值），从而为穿越周期，实现可持续发展，提供了系统的方法论和极具参考意义的实操指引。

家装之窗董事长、誉家装饰董事长/创始人　谢宇兵

穆峰老师作为最早提出并阐述"互联网家装"模式的战略专家，可谓家装行业的灯塔。如今其第七部著作面世，在充满无限变量的大环境下，必将为诸多处于发展瓶颈阶段的装企实现破局提供一个关键性的指导。穆峰老师这部著作从多角度、多维度对家装行业做了全面的剖析，其提出的构建装企五要素、四变量及构建大规模稳定的品质交付能力等，细节满满，可操作性很强，对装企的长期可持续发展非常具有指导性。

感谢穆峰老师对行业的耕耘与付出！相信无论环境怎样变化，有这样热爱这个行业的智慧先驱提供指引，推动革新，我们的家装行业一定能在复杂多变的市场环境中实现破局，稳步前行！

北京佳时特品牌装饰董事长　汪增明

穆峰老师深研家装行业，每一本著作对家装行业都剖析深刻，予人启迪。新书《价值模型：家装公司的可持续发展从战略到落地》即将上市，从多个维度阐述装企战略方向和核心能力，其中落地方法具有很强的指导意义。此外，书中多有对未来趋势的洞察和研判，值得家装人参考学习，期待新书面世，也推荐大家尤其是行业同仁共读共进。

北京紫钰装饰总经理　任登峰

穆峰老师作为行业极其难得的学者型才子，多年来对行业的洞察研究鞭辟入里。他的著作蕴藏着巨大的能量和智慧，《价值模型：家装公司的可持续发展从战略到落地》一书从家装公司的可持续发展角度出发，帮助

从业者深度梳理了一套从战略到落地的成长指南。2025年力唯家装也将集结人、财、物，不断践行书中的理论，同时围绕行业使命、效率提升、客户安心、人文关怀四个维度在上海交大设立行业研究中心，期待穆峰老师带领力唯人树起知行合一的大旗，展开全面的合作研究。通过丰富从理论到落地的各种可能，反哺穆峰老师的研究，让行研风吹进从业者久旱的心田。

力唯装饰集团董事长　程海鹏

《价值模型：家装公司的可持续发展从战略到落地》这本书，真的是家装行业的宝藏！

书中通过丰富的案例和深入的分析，让我们清晰地看到了家装行业在新一轮重组周期下的生存之道。它不仅教会我们如何构建企业的核心竞争力，还强调了以客户为中心、注重服务质量和交付能力的重要性。

我特别欣赏这本书的一点是，它不是停留在理论层面，而是将战略与落地紧密结合，给出了很多切实可行的建议和方法。无论是对于家装公司的管理者，还是对于想要深入了解这个行业的读者来说，都是一本不可多得的好书。

深圳领航装饰创始人　葛士阳

值此市场大变革、行业大洗牌之际，穆峰老师《价值模型：家装公司的可持续发展从战略到落地》一书应运而生，再一次为家装企业指明了长期稳健经营之道。穆老师提出的装企发展五要素能力模型，既有理论高度，更能指导企业经营实践，其中诸多"点"非常深刻，如赋能型组织打造、服务链优化等，非常有借鉴意义，值得追求长期价值的装企同行们学习参考！

华美乐装饰集团董事长　郑晓利

恭喜穆峰老师又一力作面世，新书《价值模型：家装公司的可持续发展从战略到落地》十个章节非常系统地梳理了行业的方方面面，带给我们专业角度的剖析与思考。其中，书中提到的五项能力协同式发展，处于不同发展阶段装企能力要自洽，不能过早或过晚这一观点，我十分认同！在当前市场情况下，家装公司不能无序发展，要把握好发展节奏，还要重视用户满意度与用户价值。在此基础上，自我诊断，查漏补缺，通过正确的经营决策，更健康、更具竞争力与发展潜力。

麦丰装饰董事长　朱辉

穆峰老师是我的老朋友，更是两手硬装饰的家装实践老师。穆峰老师2016年写过一本《"颠覆"传统装修：互联网家装的实践论》，结合互联网转型，详细阐述了传统家装转型方向，给当时迫切寻找突破的两手硬装饰提供了思路。可以说，两手硬装饰之所以可以成功抓住互联网家装的改革东风，离不开穆峰老师的指导。当下，家装行业改革持续深化，两手硬也在孜孜不倦地寻求高质量发展，这时，穆峰老师推出近年来的思考研究成果《价值模型：家装公司的可持续发展从战略到落地》，相信一定会给包括两手硬在内的众多装企带来许多有益启发。

两手硬装饰董事长　曾九江

穆峰老师用独有的洞察力阐述了家装这个赛道大行业小企业的发展过程，从战略到战术，从企业使命到运营机制等相关的一系列问题，并给出了建议和指导方案，系统翔实，值得推荐！

晋城德意之家装饰董事长　李瑞庭

穆峰老师在这本书里，以高屋建瓴的洞察方式构建出一套逻辑缜密的战略模型，并将其划分、归类，我觉得不管是对于家装从业者，还是整个行业来说都极具指导意义。

知者行之始，行者知之成。希望行业有更多穆峰老师这样知行合一的洞见者，用知识的力量，让行业更光明，让家更美好！

上海朗域装饰总经理　焦毅

穆老师是家装界理论与实操俱佳的专家。他的新作深入剖析家装企业战略落地，书中理念对从业者启发很大。我读完深感这是家装企业突破瓶颈的关键指引，从战略到细节，无不蕴含着智慧，希望同行能从中汲取力量，实现新发展。

北京苏技装饰总经理　翟利军

作为一名深耕家装行业20多年的从业人，我研读此书后发现内容十分实用。面对行业新一轮重组，装企都需要重新审视及重构自身能力，寻找新的增长动力。本书从多个维度指出了装企可持续发展的突围路径，从战略到落地，给予我们从业者更多的观察和思考、启发和帮助。像书中提及的品质交付能力、提升用户体验、优化服务链、组织力提效等，我也是深有感悟。推荐装企从业人学习研读此书，从中汲取有益的养分，带领企业走向高质量发展。

东方家园装饰集团董事长　王建华

《价值模型：家装公司的可持续发展从战略到落地》是穆峰老师家装行业的深度洞察之作。它打破传统家装书籍的局限，从品牌定位、产品策略、品质交付、企业文化等方面，详细阐述了装企经营者如何实现可持续发展；这与二十四城坚持长期主义，将用户满意度进行到底的服务宗旨不谋而合。在装企大变局时代，我们需要回归装修服务的本质，追求"不做大、不做强、只做久"的理念，这是真诚、靠谱的最好诠释，也是"将满意度进行到底"的底层逻辑；只有"做得久"才能对客户负责、对员工负责、对合作厂商负责，在行业发展的潮起潮落中坚守本心，走得更远、更稳。很高兴家装行业能有穆峰老师这样的专家，为装企经营者带来诸多行之有效的研究成果，我相信这本书也能真正帮助家装企业解决实际问题，无论是战略规划还是落地执行，这本书都值得一看。

二十四城装饰集团总裁　老甘妈

穆峰老师这本书结合了大量装企真实案例，从理论模型到实践经验再到行业前瞻判断，为装企提供了宝贵的指导和见解。它不仅点燃了读者在家装事业上的思想火花，还提供了具体的行动指南，非常适合那些想要深入了解家装行业可持续发展模式和战略落地细节的从业者。

北京梵客家装董事长　李静

穆峰老师深研家装行业，笔耕不缀，新书中的战略思考、价值模型以及落地方法论为整个行业发展提供了重要参考。虽然近几年不少企业经营会遇到些困难，但每个家装人都在各自领域积极应对挑战，以自己的方式推动行业向好而行。点石以大店切入，全面升级产品与服务，坚定信念和步伐，为广大客户提供沉浸式、个性化、全场景的一站式家装家居消费新体验。最后，期待穆峰老师更多佳作。

点石家装董事长　袁超辉

穆峰老师最新力作，揭开家装新篇章！这是家装领域的又一份珍贵礼物。书中集结了穆峰老师多年的实践经验和深刻见解，为家装设计和施工提供了实用指导。做好家装，跟写好一本书是一样的道理。写一本好书需要笔耕不辍，反复雕琢；都都装饰在做家装这条路上也是精工细作，心怀匠心。感谢穆峰老师，此书就像灯塔之光，让我们在做好家装的路上，有了思想的火花和行动的指南。有穆峰老师的良书相伴，未来可期！

都都装饰集团董事长　都宜贵

在消费降级大背景下，装企不断重组，穆峰老师能够长期专注家装行业研究，持续为行业输出深度见解和解题思路，将方法论形成书籍，值得行业内同仁尊重和学习。祝贺穆峰老师的第七本新作《价值模型：家装公司的可持续发展从战略到落地》上市，也愿行业能够更良性和可持续发展。

今朝装饰集团董事长　戴江平

　　历经十年调研，穆峰老师《价值模型：家装公司的可持续发展从战略到落地》一书在家装行业变革之际面世，可谓是家装行业的一盏指路明灯。本书从战略高度为企业长期发展指引方向，理论结合实际深度剖析装企发展五要素能力模型及四个关键变量，全方位解读与构筑家装企业发展基业长青密码，相信家装从业者都能从此书中获得启发与能量，强烈推荐给每一位家装人，让我们携手共同促进家装行业新发展！

红蚂蚁集团董事长　李荣

　　在家装行业快速发展的今天，如何实现可持续发展，成了许多企业的核心命题。穆峰老师的新作《价值模型：家装公司的可持续发展从战略到落地》通过剖析家装企业发展的五大能力和四个关键变量，为行业从业者提供了系统的战略框架，值得每一位装企管理者研读学习。

　　同时爱空间很荣幸作为书中的重要品牌案例与所有的读者见面，在家装市场竞争日益激烈的环境下，装企需要更多地去思考提升获客效率、优化服务体验、强化交付能力、构建高效的组织体系以及加速数字化转型等综合指标来创造多维度的用户价值。穆峰老师对这些要素的详细分析，不仅为行业的从业者提供了理论支持，更为企业如何从根本上构建长期价值提供了明确的操作路径。

　　希望每一位家装企业的决策者和管理者都能从中获得启示，能够在复杂多变的市场环境中找到正确的发展方向，共同推动行业更加稳健地向善发展。

爱空间集团高级合伙人　闫佳

致　　谢

感谢以下品牌及公司对本书上市的支持

美的：用科技创造美好生活

经过54年的发展，凭借持续研发创新与市场深耕，美的集团已成为集智能家居、楼宇科技、工业技术、机器人与自动化、创新型业务五大板块于一体，多业务板块协同发展的全球化科技集团，"美的"更是陪伴用户的国民品牌。

作为国内最早开展空调业务的企业之一，美的空调在变频技术、节能、智能化、无风感等领域引领行业。美的全屋智慧空气解决方案聚焦强冷暖、舒体感、净呼吸功能，以"超级化空调、地暖、中央调湿、全屋新风、专业健康"五大系统为支撑打造"好空气"，让用户凉而不冷、暖而不燥、肤感舒适、体感清爽，始终身处室内洁净空气之中。

AXENT恩仕：打造全新智慧卫浴空间

AXENT恩仕成立于2008年，是源自瑞士的高端卫浴品牌，以"简单、美好、环保"为梦想，秉承"智慧改变生活"的品牌理念，致力于打造全新智慧卫浴空间。

十余年间，AXENT恩仕不断进取，与华为、栖息地、各类酒店、地产企业等达成战略合作，赢得众多顶级客户、建筑师及设计师的青睐。

2017年起连续八年荣登《重要德国品牌年鉴》，斩获iF产品设计奖、红点设计奖、德国创新大赛奖、德国标志性设计奖等多项国际奖项和荣誉。作为智慧卫浴引领者，AXENT恩仕用智能科技打造未来卫浴场景套系，给用户带来更舒适优雅的卫浴空间。

力唯家装：成为空间美学引领者

力唯家装是力唯装饰旗下家装品牌，依托为国人美好生活的使命而生，以"全案家装，美而不同"为业务定位，是一家从设计到施工再到产品供应一站式服务的家装品牌。扎根台州22年，服务业主10000多位，以台州运营总部为核心，目前设有三区运营中心、温岭运营中心、玉环运营中心，辐射椒黄路、温岭、玉环、临海等区域。

未来，力唯家装将以台州为根据地，以产品化精造之路为战略目标，走出台州，辐射长三角，实现空间美学引领者的愿景，为国人美好生活奋斗终生。

嘉悦天盛：让家更有度，懂家更懂你

嘉悦天盛装饰工程有限公司是集高端私宅和顶级办公空间设计、造价、施工、材料、软装配饰于一体的专业设计机构，从事设计装饰工作近二十年，云集众多海峡两岸资深设计师，打造了一支追求极致客户体验的专业团队，凭借全程管家式贴心服务赢得了良好的客户口碑，获得了国内近百项各类荣誉，成为高端空间设计领域的一匹黑马。

嘉悦天盛从创立之初，就立志做一家有设计、有价值、有尊严，无增项、零售后、超放心的高端空间设计机构。通过用心的设计、最好的材料、严苛的工艺，让每一位选择嘉悦天盛的客户都能享受到极致的服务和体验。因为嘉悦，生活添盛。

欧洲寝具品牌VIV：你的睡眠维他命

始于 1954 年，源自比利时的健康睡眠寝具品牌 VIV 是欧洲最大、最系统、最前沿的整体睡眠系统制造商 VELDEMAN 集团旗下的床垫品牌，于 2018 年来到中国，专注中国家装渠道定制。

VIV 是纯正国际品牌，通过欧洲设计、全球选材、中国精工制造定义价格优势；运营端采用线上线下结合方式推进品牌培训及赋能；交付端零仓储，一件代发至用户家中；为家装渠道带来好保证、好销售、好利润的三倍好产品势能，成为中国装企赛道头部寝具品牌。

小觅优家：第三方装饰工程管理公司

小觅优家成立于2016年，创始人任文杰2001年从事装修行业，一直围绕工程交付在B端服务上下功夫，他认为好的产品及客户体验离不开交付体系及交付场景化建设。

小觅优家倡导"监"与"管"有机结合，推动装企工程预控管理数字化，工人产业化模型搭建，工程标准化建设等产业方向，企业运营产品涉及装企工程架构顶层设计，工艺展厅研发，专业化监理全流程服务，工程人员培训、工艺优化看板指导、质量评估技术顾问、工装项目全流程管理，先后服务多地域头部装企，参编多地地方标准，并在多个城市设立分部。

美祥：装修施工模块工艺展柜开创者

美祥工艺展柜成立于2006年，深耕细分赛道，为装企提供标准化模块化工艺展示道具，助力装企成交。产品标准化，实物立体展示，省时、省力、省钱、省空间。

目前已成为欧派、索菲亚、志邦、尚品宅配、金螳螂、星艺等的年度合作商，为全国16000多家中小型装企上样模块工艺展厅，沉淀私域装企

16万家；2024年美祥再次升级，研究和深挖旧房改造蓝海市场，为装企转型社区小店提供助力。

云立方-云装天下：装修企业数字化管理解决方案

云立方是一家专注于装修行业数字化管理的行业领先SaaS服务供应商，成立于2014年，创始人丁胜有10年装企一线实操管理和10年数字化管理的开发与服务经验。以近20年行业沉淀，致力于通过科技创新解决传统家装管理面临的各类挑战。

云立方-云装天下管理系统（ERP＋APP＋小程序）是5000多家装企共同的选择，适用于家装、公装、店装、商业空间、园林等装饰工程项目。功能覆盖CRM管理、设计进度管理、预算报价制定、合同执行管理、项目监督管理、材料进销存、财务收支处理、工程结算以及成本效益分析等，通过打通上下游形成管理闭环，优化项目各环节流程，提高装修效率及品质，提升装饰行业数字化管理转型竞争力。

一诺空间：让装修更简单，让生活更美好

西安一诺空间装饰工程有限公司成立于2018年，位于中国航空城西安市阎良区，是一家以创造美学空间设计装修服务，专业提供全方位、一体化、一站式空间服务的企业，提供空间设计、装修施工、全屋定制、软装美陈、家具家电全方位家装解决方案。一诺空间深耕家装行业，秉承"让装修更简单，让生活更美好"理念，逐渐成长为当地头部装企，累积服务业主2000多位。当前，一诺空间服务不断升级，力争成为客户首选、员工自豪、社会认可的家装品牌。

灯无忧：一站式家用照明灯饰工厂

中山灯无忧信息技术有限公司自1995年进入灯饰行业以来，旗下拥有中山迈顿电气有限公司、中山莱蒙照明科技有限公司、中山市智悟照明

有限公司三大灯饰工厂。厂房面积近20000平方米，仓库面积5000平方米，从产品研发设计，到自有五金车间、喷涂车间、注塑车间、装配车间等一条龙生产制造。产品包括爆款灯饰（套餐500元起三室二厅包邮）、高端个性化灯饰、无主灯等。灯无忧29年专业品牌，全光谱健康照明，专注为装饰公司提供一站式的家用照明解决方案与交付送装服务，已累计服务全国1500多家装饰公司。

佳仕可：头部装企共同的选择

佳仕可注重成品保护，深耕家装渠道，成为国内头部装企共同的选择。佳仕可不仅提供材料，还在国内重点城市为客户提供包工、包料、施工等服务，目前已经开通服务的城市有北京、上海、广州、深圳、佛山、惠州、东莞、杭州。佳仕可于2022年推出自粘地面保护，解决了装修时地面需保护与铺贴面打滑等痛点，铺贴时省时省力，大大提高工作效率，获得海内外客户一致好评。未来，将根据头部装企发展需求，提供定制化服务，确保装企在流量争夺战中，尤其在工地施工保护这一环节脱颖而出。

保利管道：打造全屋隐蔽美学家

保利管道是国内知名塑料管道系统解决商，专业致力于塑料管道系统产品的研发、生产和销售，拥有国际领先的生产设备和齐全的生产线，主要产品涵盖给排水、地源热泵、同层排水、虹吸雨水、市政工程、暖通系统等领域。

2024年，保利管道成功从"管道"向"全屋隐蔽美学家"升级，与集团旗下品牌朴乐防水、朴勒新风、开源净水并驾齐驱，整合家装隐蔽工程中的水电、新风、净水、防水等细分品类，为消费者提供全场景隐蔽工程系统解决方案。

LMNET帘盟：一站式窗帘智慧供应链企业

帘盟科技2016年4月成立于中国上海，荣获上海市"专精特新"中小企业和重点培育创业企业称号，多次获得政府创业创新基金奖励，获险峰长青、泽厚资本等多家资本机构风险投资。

与圣都整装、沪佳装饰、尚品宅配、多乐士焕新等上千家家装家居企业建立了全国战略合作关系，拥有上万款产品；建有上海、北京、广州、成都、武汉、西安六大营销中心，及上海、广州两大近两万平方米直营生产加工基地，交付服务覆盖一至六线2500多个城市。基于属地化营销和交付服务体系，以及"柔性供应链"和智能制造工厂，能快速帮助装企建立窗帘及软装产品销售能力，大幅提升转化率，降低成本，提高软装产品市场竞争力。

西门子家居电气：协同装企打造消费者"理想之家"

西门子家居电气隶属西门子智能基础设施集团电气产品中国区总部，2000年进入中国市场，传统电工领域的研发生产可追溯至1899年，屡获设计界"奥斯卡"红点奖、工业设计领域"金像奖"iF工业设计奖等世界权威奖项，百年技术积累，引领着家居电气产品品质标准和外观设计风潮。

西门子家居电气主营开关插座、排插、断路器、配电箱、智能门锁、浴霸等，坚持家装渠道的开发，与众多家装头部公司建立了稳固的战略合作关系，将西门子安全、可靠的家居电气产品通过家装公司融入家装整体装修方案中，致力于打造消费者心中的"理想之家"。